みんなの
まわりにいる、
あんな
マジムン、
こんな
マジムン

沖縄マジムン図鑑

比嘉淳子 著
山里將樹 絵

主婦の友社

はじめに

めんそーれー 沖縄マジムンの世界にようこそ！

「マジムン」は沖縄の言葉で「妖怪」や「妖精」「幽霊」を意味する言葉です。

沖縄では、「妖怪」も「妖精」も「幽霊」もみな同じ。つまり、「見えない世界の住人」を「マジムン」とよびます。

と書くと、なにやらオドロオドロしい感じがしますが、ところがどっこい、沖縄のマジムンたちは、いろんなキャラクターの持ち主たち。

おちゃめで、キュートで、そして、あったかい。それでもって、怒らせると怖～いキョーレツな憎めないヤツばかり。なんだか、知り合いにもいそうな感じがしてきませんか？

マジムンはいろんなところに潜んでいます。森や海、墓場、そんな「鉄板」な場所ばかりではありません。アナタの家の台所、部屋、学校にだっています。そして、アナタの心の中にも…。

マジムンはつぶやきます。

「自分だってマジムンになりたくなかった。マジムンになりたくてマジムンになったマジムンなんていないよ……」と。

知らず知らずのうちにすれちがっているかもしれないマジムンたち。もし、マジムンに会いたくなったら、マジムンのことを強く思ってください。マジムンは、相思相愛でなければ姿を見せない恥ずかしがり屋さんなのですから。

コラム

沖縄の年中行事カレンダー

※すべて旧暦です

マジムンの基礎知識

Staff
装丁・本文デザイン／鹿島一寛
絵／山里將樹
写真（P4,8,10,16,18,42,44,68,91）／喜瀬守昭
校正／加々美久美子
編集担当／田川哲史（主婦の友社）

沖縄マジムン図鑑 目次

マジムン編

沖縄のマジムンってなんね？

私が4、5歳のころのことである。

私をまん中に祖母と叔母が川の字で寝ていた深夜、いきなりの金縛りで目が覚めた。全身が鉛のように重たく、自分の体が粘土のように布団に密着して動かない。脳みそと目ん玉だけクルクル活発に動き、自分に何がおこっているのかさっぱりわからず、隣りの叔母に助けを求めた。までは、覚えているが、気づけば朝だった。私の金縛りデビューである。

いつもは2階の両親の間で寝るのだが、その晩は父親にこっぴどく叱られて、半ストライキ状態で1階の祖母の部屋で寝ていた。

「夕べは、キジムナーンカイ　ウサーリッティサヤー（キジムナーに押さえられていたね）」と、祖母が仏壇に朝

のお茶をお供えしながらすまして言った。

「なぜ、わかる！」

「見ていたのか！」

「なんで助けてくれなかったんだ！」

「そもそも、キジムナーってなにさ！」

子どものアタシの頭は、祖母の一言でグルグルしていた。

「近くの古いガジュマルに住むマジムンさ。悪いことをする子どもに反省しなさいって出てくるのさ。父ちゃんに謝らなければ、これからずっと出てくるよ。目に見えなくてもキジムナーはちゃんとここにいて、アンタを見ながら笑っているよ」と、祖母は私を見据えて言った。隣りにキジムナーの姿を見たような気がして30センチは跳ねた。そして、あわてて父に謝罪をしたのは言うまでもない。

沖縄では、マジムンは山深い森や海だけじゃなく、同じ屋根の下に住んでいるのである。

しゃもじだって、鍋だって、木だって古くなればマジムンになる。大切に扱わなければ、マジムンになって復讐されるのだ。うちのばあちゃんだって、古くなった人間だから半分マジムン化していて、キジムナーが見えるんだ（と、その時自己解決した）。それからというもの私は、箸一本、ノート一冊、捨てられない人間に育ってしまった。

飽食の昨今、ネオンきらめく繁華街の薄やみで、たくさんのマジムンがチャンスを狙っていると思うのである。

マジムン編
Part 1

キーヌシィと森のマジムンの物語

沖縄の森、それは多くのマジムンのふるさとです。
森を舞台に、マジムンの世界はスタートします。

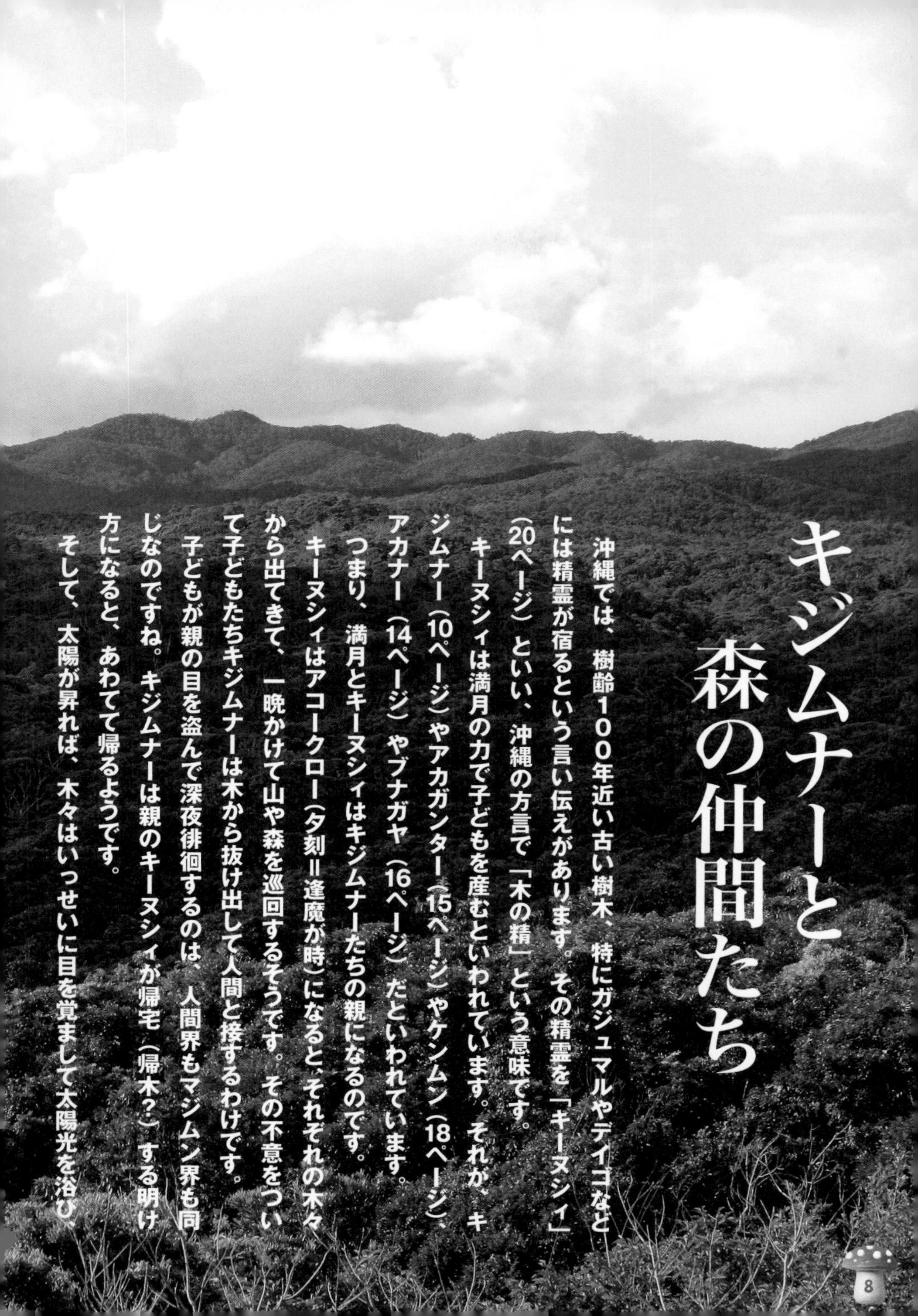

キジムナーと森の仲間たち

沖縄では、樹齢100年近い古い樹木、特にガジュマルやデイゴなどには精霊が宿るという言い伝えがあります。その精霊を「キーヌシィ」(20ページ)といい、沖縄の方言で「木の精」という意味です。キーヌシィは満月の力で子どもを産むといわれています。それが、キジムナー(10ページ)やアカガンター(15ページ)やケンムン(18ページ)、アカナー(14ページ)やブナガヤ(16ページ)だといわれています。つまり、満月とキーヌシィはキジムナーたちの親になるのです。

キーヌシィはアコークロー(夕刻＝逢魔が時)になると、それぞれの木々から出てきて、一晩かけて山や森を巡回するそうです。その不意をついて子どもたちキジムナーは木から抜け出して人間と接するわけです。子どもが親の目を盗んで深夜徘徊するのは、人間界もマジムン界も同じなのですね。キジムナーは親のキーヌシィが帰宅(帰木?)する明け方になると、あわてて帰るようです。

そして、太陽が昇れば、木々はいっせいに目を覚まして太陽光を浴び、

呼吸をはじめ、生命活動を行います。キーヌシィはそのエネルギーを吸収して生きているといいます。

昼間のキーヌシィは、エネルギーチャージのために昼寝というか休憩をしています。そのすきを見はからうように、キジムナーはまたまた木の外に出てはいたずらをして、人間を悩ませるのです。

いっぽう、キジムナーの弟といわれているアカナーは月が好きで月に住み、下界の営みを月世界から見下ろしてはほほえんでいる穏やかなマジムンといいます。同じマジムンでも、こんなに個性が違うのでおもしろいですね。

このように、キーヌシィの子どもキジムナーたちは、豊かな自然のなかで人間や動物らと関わり、悠久の時の流れのなかで様々な経験を積みながら、大人のキーヌシィに成長します。森の苗木が古木になるころ、満月と結ばれ、子を宿す。人や動物とは違う「生命の誕生」です。

これには、どれだけの時間の重なりと自然が必要になるのでしょうか。

沖縄の山も、ずいぶん開発が進みました。山が開発されれば、キーヌシィは死んでしまいます。山や森の土は海に流れ、自然は破壊されます。キーヌシィがいなくなれば、当然キジムナーたちも生まれてきません。

こうして、キジムナーたちは私たちの前から姿を消していったのです。

マジムンたちの敵、それは……

MAJIMUN 01

キジムナー

KIJIMUNA

もはや人気は全国区。マジムン界きっての有名人？

人間が大好き。友だちになればお金持ちになるし、困ったときはすぐに助けてくれる。でも、一度友だちになるとしつこくつきまとわれ、夜も昼もなくいっしょにいなきゃならない。いたずらが好きなキジムナーは土だんごを作って食べさせたり、かくれんぼといっては洞穴に閉じ込めたりする。そんなキジムナーについていけず約束をやぶると、夜な夜な現れておなかで飛びはねたり、鋭い爪で引っかいたり、金縛りにかけたりする。さらに怒らせると命さえうばわれかねないから、キジムナーは恐れられている。

どこにいるの？

ガジュマルやアコウ、フクギ、センダン、デイゴなど古い木に宿る精霊（キーヌシィ）。そのなかでもガジュマルが大好きで、ガジュマルの気根を伝って地上に降りてきたり、遊んだりする。

危険度

どんな姿？

子どものような姿で3歳から5歳くらい。なかには中学生くらいに見えるキジムナーもいる。しかし、キジムナーの本当の年齢はだれも知らない。100歳とか200歳とかいわれるが、見た目はとにかく子どものまま。だけど、その小さな体からは想像もできないくらいの力持ち。赤い髪の毛、肌の色はガジュマルの表皮をはいだときの樹皮に近い赤銅色。顔が大きく、がっしりした筋肉質な体に短い足が特徴。手足の指は長く鋭い爪を使って軽々と木登りする。木から降りるときは頭から、登るときはお尻から登る。キジムナーのにおいは葉っぱと土を混ぜたにおいで意外とさわやかなにおいだという。年を重ねるとキジムナーは毛むくじゃらな体になり、大きな睾丸をぶらさげるという。

得意ワザ

相撲が得意。牛と相撲をとったり、どんな強い横綱でもヒョイっと持ち上げて遠くへ投げとばすほど。そして、素潜りも得意。息を止めて深い海に潜っては魚や貝をとってくる。畑仕事も得意。しかも、キジムナーは植物と話ができる。枯れそうな植物にキジムナーが語りかけるだけで回復し、たわわに実をつける。

キジムナーの苦手

キジムナーの祖先がタコにからまれて溺れそうになって以来、タコが大嫌いになったという。沖縄では、赤ちゃんのおしゃぶりの代わりにタコの足をしゃぶらせる。これはキジムナー対策といわれている。また、動物のおならと、ねぼすけのキジムナーの眠りを鳴いて妨げる鶏が大嫌い。しかも、鶏はキジムナーを見ればつつきながら追いかけるといわれている。いたずらキジムナー対策としては、木の幹に5寸釘を打ちこめばキジムナーが出てこられなくなる。逆にキジムナーに会いたくなったら、夜、口笛を吹けば枕元に現れる。

キジムナーの

好物

魚の目玉が大好き。特に左目が好きで海で左目のない魚がいたらキジムナーの食べ残し。

さらに

キジムナーは、旧暦の8月10日のヨーカビー（お盆に死者の霊にまじってあの世から出てきたマジムンたちをあの世に送り返す日）になるとキジムナー火をユラユラさせて現れる。キジムナー火はさわっても全然熱くなく、海に潜っても消えない。でも、この熱くないキジムナー火だけど、なぜかすれ違うだけで大やけどをする。そのうえ、キジムナー火が屋根につくと、その家から死者が出るといわれ忌み嫌われる。

MAJIMUN 02

見上げてごらん。ホラあれがアカナーマジムンだよ

AKANA

一説ではキジムナーの弟だといわれているが、アカナーは穏やかな性格で、キジムナーのように魚の左の目玉が好物という偏食家ではない。魚介類では蟹が好物で、果物では桃が好物。キジムナーに比べて遭遇率が低いのは、アカナーは目立ちたがりなキジムナーと違って、人見知りするマジムンだから。マジムンのなかでも目立たず、ひかえめで単純な純情派。そのうえ心やさしいマジムンだ。

どんな姿？

サルのような顔で全身赤い毛で覆われているという。体はキジムナーより小ぶりで手足が長い。

危険度

アカナーの逸話

大昔まだ沖縄に人が住んでいないころ、天の神様は土で人を作り、沖縄の地に住まわせた。しかし、人間になりたてなので、食べ物を作るすべもなく、裸のままおなかをすかせてぐったりしていた。そんな姿を月から見ていたアカナーは餅を作って、地上に落として人間を養っていたという。

アカナーは新月のときには地上に降りてきて、作物がたくさん実るように土にマジムンパワーを注いでいるそうだ。

どこにいるの？

月に住んでいる。沖縄では月に見える影はウサギではなく、マジムンの「アカナー」が桶を担いだ姿だといわれている。通常は月で生活しているが、気が向いたときに地上に降りてくるらしい。地上に降りてきて魚をとったり、人が遊ぶのを影から見ている例が報告されている。地上を楽しんだアカナーはアコークロー（夕刻）になれば月へ帰るという生活スタイルのようだ。

MAJIMUN 03

アカガンター
AKAGANTA

キジムナーのライバル!?

古い家に住みつき、柱の影から出てくることが多いという。また、ふすまや障子を閉め切らずにすき間があれば好んでそこから出てくるという。うっすら開いた引き出しから出入りする姿を目撃した人もいることから、アカガンター対策にはふすまや引き出しをきちんと閉めることが肝心なようだ。部屋を散らかしていると、深夜寝ているところに現れて、いきなり枕を蹴飛ばしたり、布団の上から押さえつけるという。潔癖性マジムン。

危険度

どんな姿？
ボサボサの赤い髪におなかや手足がぷっくりした赤ちゃんのような体。赤い着物を着てはだしで跳ねるように歩く。

どこにいるの？
沖縄全島。特に古い家が並ぶ集落に出没する。

MAJIMUN 04

「キジムナー」と混同されて憤慨する ブナガヤ

BUNAGAYA

危険度

キジムナーと違い、人との関わりを嫌う。保護色で体を隠しつつ、人が遊ぶのをすぐ近くで見ていることも多いという。

どこにいるの？

キジムナーは沖縄本島ならどこにでもいるが、ブナガヤは沖縄本島北部の大宜味村に生息する地域限定のマジムン。キジムナー同様古木にも住むが、岩穴や海岸や川底に住んでいることも多い。

どんな姿？

子どものような姿をしているので、キジムナーと混同されがちだが、キジムナーと違い、TPOに合わせて色を変える。つまり、保護色により身を隠している。

得意ワザ

ものすごい早さで移動できる。水中でもアッという間に沖縄一周できるほど。その瞬発力は風をおこし、空気摩擦によって静電気がおきる。その結果、青白いブナガヤ火が発生し、時には火事をおこしたり、人にやけどをさせてしまう。

キジムナーと違うところは、人との関わりは極端に嫌うものの、村の人が困ったときは見つからないように手伝うこと。昔、ガスや電気のなかった時代、薪がなくて困っている年寄りが川に向かって「ブナガヤ、もし、ここにいるのであれば薪を持ってきてほしい」とつぶやくと、翌朝、家の前に薪が積んであったという。

また、機嫌のいいときは高い木の上で歌を歌う。ブナガヤの歌は心のきれいな人しか聞こえず、森の木々がさざなむほど神秘的な歌声だという。このように、ブナガヤはキジムナーと違い地味なイメージが強い。

ブナガヤの好物

キジムナー同様魚が好きで、特にグルクンの頭や目玉が大好物。

MAJIMUN 05

ケンムン

KENMUN

赤い毛むくじゃら。カッパのような子どもは体育すわりで休憩する

地鳴りのような音や、竹を折るような音を出して人間を驚かせる。相撲が好きで、体の大きな人間を見つけると、人間に化けて勝負を挑む。負けるとくさい息を吹きかけて逃げる。ペットに化けたり、人間に化けて演技をする。バレて追いつめられると、周囲の色に同化して姿を消す。

食べ物を包まずにむきだしで持っていたり、道で食べていたりすると、道に迷わされて食べ物をとられてしまうから注意しよう。

危険度

どこにいるの？

鹿児島県奄美諸島。古いガジュマルやアコウの木を好むが、冬は山で過ごし、夏は海で過ごすことから、季節によって移動しているようだ。

どんな姿？

子どもくらいの身長でおなかがぷっくりしている。手足が妙に長く、体育すわりをすると、頭が隠れるくらい足が長い。赤い毛で覆われていて、おかっぱ頭のてっぺんは丸くはげている。顔は猿と犬の中間のような顔をしている。ヤギのような体臭があり、くさいと言われると凹む。指先は自由に火をともすことができ、ケンムンの行列が火をともしながら山を行進するイルミネーションのような風景を「ケンムンマーチ」といい、昭和の初めごろまで見られたという。

ケンムンの好物

魚の目、カタツムリやナメクジが大好物。ナメクジをボール状にして食べることもあるという。キジムナー同様、タコが嫌い。

MAJIMUN 06

キーヌシィ

KINUSHI

木を切るときはお日柄を見ながら儀式に準じましょう

どこにいるの?

沖縄全島。

100年以上の古木に宿る精霊。怒るとマジムン化してさわりがある。特に御嶽(うたき)などの聖地の木の枝打ちや伐採は、旧暦7月7日の七夕の日か、12月8日のムーチーの日に行う。さもなければ、ケガや病気などのさわりがあるとされている。

庭の木でも、伐採するときはキーヌシィに伐採することを告げる。初めに小枝を切り、土にさして「若返らせるので、この枝に移ってください」と許しをこう。酒を2升、木の周辺にまき、塩で清め、刃物を入れるふりを3回行う。その後、本格的に伐採すればことなきを得ると言われている。この儀式を行わなければ、たちまち「キーヌシィマジムン」に化け、作業を邪魔したり、ケガや病気をおこす

どんな姿？

光を放つボールのようで、フワフワ浮かぶ。庭木でも道ばたの木でも木を切るときは要注意。特に古木には「キーヌシィマジムン」が宿っている。やむをえず伐採するときには、まず、キーヌシィに祈願してから刃物を入れよう。そうしなければ、作業中に大きな事故につながることもある。

危険度

という。

最近も、新築の家の床の間の柱からフワフワ光る玉が浮かび上がり、家人の耳の中に入り耳鳴りをおこさせたという。あわてて霊能者であるユタに相談すると、床柱にまだキーヌシィが宿ったままで、このまま放置すればマジムン化する恐れがあると判断された。すぐさまおはらいの儀式を行い、キーヌシィには丁重にお引き取りいただいたという。

また、別の例で、実際に木など倒れていないのに、ギギーーーッと木が倒れる音がすることがある。それは、木が枯れる前にキーヌシィが苦しみ悶えているからだという。その音が聞こえた木は必ず2、3日後に枯死するという。

MAJIMUN 07

芭蕉ヌシィ

BASHOUNUSHI

バナナじゃないよ、芭蕉だよ！

バナナの仲間で糸をとる「糸芭蕉（いとばしょう）」という植物のマジムン。大きな葉で空間を魔の空間に変え、そこを通る者を惑わせる。特に、アコークロー（夕刻）に女性が芭蕉林に入るとイケメンに化けた芭蕉ヌシィにマブイ（魂）を抜かれ、芭蕉ヌシィの子どもを妊娠するという。その子どもは本来の芭蕉ヌシィの姿をしており、時には牙を生やし、時には角を生やして生まれてくるという。

どんな姿？

男性が芭蕉林に入れば、高貴な女性の姿に化け、女性が入ればイケメンで現れるという。

芭蕉ヌシィの苦手

芭蕉は木ではないので、ナイフで簡単に切れてしまうことから、芭蕉ヌシィは刃物を恐れる。つまり、刃物を持てば芭蕉ヌシィに襲われることはない。しかし、ナイフを持ち歩くのは別な意味でアブナイので、もうひとつ、芭蕉ヌシィが苦手なものを紹介しよう。それはクマザサだ。薬草でもあるクマザサは、昔は各家庭で植えられていたが、芭蕉ヌシィ対策としても有効なのだ。そして万が一、芭蕉ヌシィの子どもを妊娠してしまったら、クマザサの粉を飲むといいという。

どこにいるの？

昔は沖縄本島全域に生息していたが、現在は本島北部の芭蕉林に限られている。芭蕉林には異様な空気が流れており、一歩踏み入れば、あやかしの森の妖気で正気を失い、屈強な男でもうつろな目をした非力な男になる。

マジムン編 Part 2

動物が正体のマジムン

身のまわりの動物がマジムンに！
かわいい犬や猫、役に立つ家畜が、
おそろしい力を持つ
マジムンになる理由とは……

MAJIMUN

08

猫がネズミを食べている姿を見てはいけません。

マヤーマジムン

MAYA MAJIMUN

猫（マヤー）は13歳になるとしっぽが自然に二股に分かれて「猫又」というマヤーマジムンになる。マヤーマジムンは、悪さを企んで夜な夜な人の家のまわりをウロウロしている。

夜、聞こえてくるマヤーマジムンの奇妙な鳴き声を「オーナチ（青い声）」といい、人の命を狙い、仲間に獲物のありかを知らせている合図だ。

家猫は死期が近づくと自分で家を出る。それは、人にみとられるのは猫としてプライドが許さないからだ。もし、猫が家の中で死んだ場合、尊厳を傷つけられたと誤解されマヤーマジムンにならないように注意しなくてはならない。また、猫がネズミを食べているシーンに出くわしたら、来た方向と逆にきびすを返さなければ、夜な夜なネズミの死骸を枕元に置かれるという。

どこにいるの？

沖縄全島。宜野湾市我如古には、化け猫が住んでいたという伝説の洞窟がある。

危険度

マヤーマジムンの対策

飼い猫が家の中で死んだ場合は、麻袋に入れて海の見える山の木にぶら下げると、マヤーマジムンにならずにすむといわれている。マヤーマジムンが近づいてきたら「オオナチマヤー　キーンカイサギラリンドー（木に下げるぞ！の意）」という呪文を唱える。

どんな姿？

13歳以上の高齢猫がマジムン化したもの。尾が二股に分かれ、普通の猫より体も態度もデカイ。模様は三毛猫なら三毛猫のままマヤーマジムンになるが、目ん玉が金色を帯びてくる。聞き耳をたて人間の様子を観察している。

マヤーマジムンの事件簿

昔、宜野湾の我如古（がねこ）村に一人の男が住んでいた。長いこと猫を飼っていたが、いつの間にかいなくなり、どこかで死んでしまったのだろうと思っていた。

そんなある晩、畑仕事の疲れでウトウトしていると、どこからともなく女が入り込み、そのまま居ついてしまった。ふたりは夫婦になり、男の子2人に恵まれ幸せに暮らしていた。

ある日、外出した上の子が忘れ物をとりに家に戻ると、母親がネズミをムシャムシャ食べているシーンを見てしまった。驚いた子どもは父親に報告したが、父親はとりあってくれない。あまりにも思い詰めた表情で訴える息子に、初めは半信半疑だった父親も自分の目で事の始終を確かめると、女房が普通の人間ではないことを確信した。こうなれば、もう女房と暮らすのは無理だと決心し、女房にたくさんの魚や着物を持たせ、手切れ金だと思って家を出てくれと頼んだ。女房は悔しそうな顔を見せたが、プライドの高い女だったのでシブシブ家を出ていった。

男は女房が素直に出ていくので不思議に思い後をつけていくと、ガマ(洞窟)に入っていく。しばらくして、

「私は長年飼ってもらった恩返しに、あの男の子どもまで生んでやったのに、追い出された。悔しいから復讐してやる」

洞窟に低く響く女房の声だ。続いて

「人間は賢いからこの呪文だって知っているさ」今度は、太い男の声が響く。

それを聞いた男は、かわいい子どもたちに危害を加えられてはいけないと知恵を絞り、ひらめきのままガマに向かい、大声で

「その呪文は何だっけね～?」と、女房の声色でたずねてみた。

すると、謎の男の太い声は「オーナチマヤー、キーンカイサギラリンドーさぁ！　ああ、コレを聞くと毛が逆立つ！」と、声をふるわせて答えた。

男はすぐさま家に帰り、子どもたちを抱えながら布団にもぐり込んだ。そして、草木も眠る深夜、「ぎゃーおおおん、にゃーーーーおおん」マヤーマジムンの怪しげなオーナチが聞こえてきた。

男は声をふり絞って「オーナチマヤー、キーンカイサギラリンドー」と腹の底から叫ぶと、マヤーマジムンは悲鳴をあげながら闇の中へ消えていったという。

マジムンの基礎知識

「マブイ」ってなんね？

マブイとは、直訳すると魂のこと。生き物には複数の「マブイ」が宿っており、生命やメンタルにも強く影響している。「マブイ」の数は、人間は7つ、犬は5つ、猫は3つ、樹木は1つなどと異なっており、「マブイ」と身体のバランスが整っているのが健全な状態。

また、「マブイ」にはそれぞれ個性があり、「健」「食」「金」「勤」「愛」「忍」「義」などがあり、宿る人の個性をつかさどっている。

このように、「マブイ」と身体は密に機能し合っているので、1つでも身体から離れるとさまざまな障害がおこる。これを沖縄では「マブイを落とす」という。

「マブイ」は驚いたり、転んだりすることで簡単に落ちてしまう。

症状としては、突然の発熱、腑抜けになる、身体がだるい、食欲減退などがあり、風邪の症状にも似ているが、薬が効かないことで「マブイ脱落」が判断できる。それとは別に、金運が下降気味な場合も「金マブイ」が脱落している場合がある。

解決策としては、落ちたものは拾うことのみで、事故などで「マブイ」を落とした場所がわかれば、すぐに「マブイ」を拾わなければならない。長く放置していると、病気になったり、死に至ることもあるので「マブイ」脱落はこじらせないことが肝心。

「マブイ」を拾うには呪文が必要である。「マブヤー、マブヤー（マブイの動詞）ウーティクーヨー（追いかけてこいよ）」という呪文で簡単に「マブイ」を元に戻すことができる。

その際、ヘビーユーズしていた「マブイ」とは別の「マブイ」が表に出ることがあり、そうなれば、その人の生活スタイルや性格、嗜好も変化することもある。

また、強く思う場所や人のところに本人よりも先に「マブイ」が到着し、騒動になることがある。「生霊（イチジャマ）」（45ページ）はそれに当たる。生き物が死んで身体が滅んでも「マブイ」は残り、この世に未練があれば「マブイ」はそれを果たそうと「マジムン」になるのである。

MAJIMUN 09

忠犬になりたかった犬たちの復讐は…

イングワマジムン

INGWA MAJIMUN

餓死したり、いじめられて死んだ犬（イングワ）のマジムン。犬はとても賢い動物である。かわいがれば忠犬になり死んでも飼い主を守るというが、いじめたり、餓死させた犬はイングワマジムンになり復讐をする。マヤーマジムンと違うところは計画的に復讐を企てるところ。

危険度

どこにいるの？

沖縄全島。

どんな姿？

獰猛な顔でよだれを
垂らしている犬の姿。

イングヮマジムンの事件簿

昔、首里の古寺で飼われている犬が夜な夜な出かけていく。不思議に思った坊主は小僧たちに後をつけさせた。すると犬は墓地で穴を掘っている。次の日も次の日も犬は出かけていき穴を掘り続け、穴は日に日に大きく深くなっていく。何をしたいのか、みな首をひねった。

そんなある満月の夜、いつものように小僧たちが犬の後をつけていくと、途中、機を織るミーサー（最近死んだ霊）に出会った。驚きつつも犬のことをたずねると「あなたたちは寺であの犬を犬畜生といっていじめていますね。修行の身でありながら、不満を犬をいじめることで発散していますね。かわいそうに。食べ物もろくにあげずに、あのやせ細った体。あの犬はもうじき死ぬでしょう。犬にだって命はあります。あの犬が死んだとき、イングヮマジムンになってあなたたちに復讐にやってくるでしょう。あの穴はそのための穴です。もし、死にたくなかったら、あの穴に隠れて穴をふさぐように戸板を置くといいでしょう。その板に鶏肉や豚肉などのごちそうを並べておきなさい」。

小僧たちはミーサーに教えてもらったとおりに、犬の掘った穴に隠れて様子をうかがっていると、やせ細りギラギラした目の犬が餓鬼とともに現れた。その目からは妖気が漂い、すでに死に、イングヮマジムンになった犬は餓鬼とともに肉をむさぼりながら「あの坊主はどこだ！復讐してやる！」とうなっている。小坊主たちは震えながら朝を待ち、イングヮマジムンたちが消えた後、寺に帰り、坊主に報告をした。みな、深く反省し、犬のやせ細った死体を手厚く葬り、犬の成仏を祈ったという。

MAJIMUN
10

ほほえましいアヒルの行列と思いきや…

アフィラーマジムン

AFILAR MAJIMUN

アヒル（アフィラー）のマジムン。人や動物の股をくぐろうとする。しかし、アフィラーマジムンに股をくぐられるとたちまち絶命する。アフィラーマジムンに遭遇したら、股を開かずにピョンピョン跳ねて移動しよう。

沖縄ではアフィラーはぜんそくの薬といわれ、アフィラーを丸ごと煎じて飲む民間療法がある。アフィラーマジムンは、こうして苦痛を感じながら死んだアヒルの霊だといわれ、アフィラーマジムンに股をくぐられると同じ苦しみを味わって死ぬといわれている。

危険度

どこにいるの？

沖縄本島。水辺に限らず、市場での目撃例もある。

どんな姿？

アヒルの行列で親アヒルの後ろからヒナが7羽行列をなして歩いている姿を目撃されている。白色というより灰色がかったクリーム色のアフィラーマジムンがヨチヨチ歩く姿は生きているアヒルと区別がつかないほどだ。薄汚れたアヒルは、アフィラーマジムンの可能性があるから注意しよう。

アフィラーマジムンの目撃例

農夫が畑仕事帰りに農道を歩いているとしきりに股をくぐろうとするアフィラーに出会った。農夫はアフィラーマジムンを知っていたので、石を投げて撃退したら、アフィラーマジムンの行列がたちまちホタルになって四方八方に飛び散ったという。

また、最近は戦死者が多く出た壕の近くで、血だらけの兵隊の行列の後ろからアフィラーマジムンが行列を作って行進していたという。兵隊のラッパに合わせて、ガア、ガアと鳴いていたそうだ。

MAJIMUN 11

魅力的なお尻をプリンプリンと揺らすあの美女は…

ウワーマジムン

UWA MAJIMUN

豚（ウワー）のマジムン。人の股をくぐって命を奪う。また、妖艶な美女に化けてコンパや男性が大勢いる場所に出没する。ウワーマジムンは絶対に会話はせず、目を伏せがちに小さく「グエー、グエー」とあいづちをうつだけ。一見、控えめでおとなしく、ふくよかな女性が好みの男性はひとたまりもなく夢中になる。

どんな姿？

豚のマジムンだが、ぽっちゃり系美女に化けて、男性を惑わせる。ふくよかなヒップをユサユサ振りながら狙った男性の前でほほえむという。ほんとうの姿は年老いたメスブタ。

どこにいるの？

沖縄本島全域。特にアコークロータイム（逢魔が時、夕暮れ）に注意。

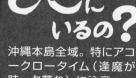

ウワーマジムンの 対策

コンパや酒の席で、ウワーマジムンがまじっているかもしれないと不安なときは、「ウワー、ンタ」「グーグー、ンタ」と唱えると、ウワーマジムンは正体がばれたと悟り逃げ出す。

ウワーマジムンの 事件簿

風のない真夏の夜、沖縄南部に住む男性が、酔っぱらいながら歩いていると、肉づきのよいお尻をフリフリ歩く美女がこちらにウインクしている。酒の勢いもあって、誘われるまま美女に近づくと、その女性は家に招いてくれた。

しかし、不思議なことに美女は部屋の中でも靴を履いている。蒸すように暑い熱帯夜である。男性が気をつかい靴を脱がせてあげると、美女は悲しそうにどこかへ消えていった。翌朝、目覚めるとそこは豚小屋で、そばには年老いたメスブタが蹄(ひずめ)をはがされて死んでいた。昨夜の美女はこの年老いたメスブタだと、そのとき気づいたという。

MAJIMUN 12

宮古島には、走るものを見ればチキンレースに誘うヤギがいる。その名は

片足ピンザ

KATAASHI PINZA

「ピンザ」は宮古島の方言で「ヤギ」のこと。交通事故で片足をなくしたヤギが死んで仇討ちのためにマジムンになったという。文明の利器でもある車が招いた事故禍はマジムン誕生のきっかけにもなった。

どこにいるの？

沖縄県宮古島。

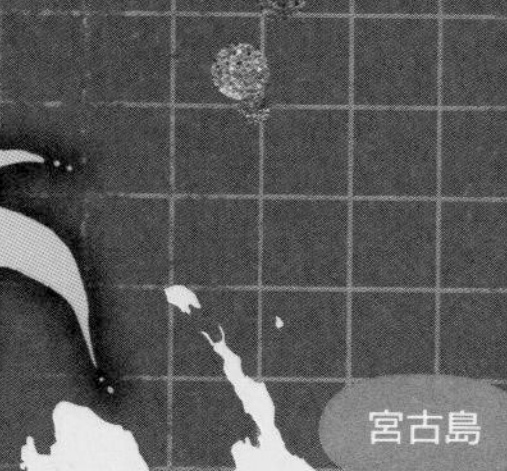

どんな姿？

普通のヤギより体の大きい3本足のヤギが、走行する車の後ろからものすごい速度で迫ってくる。正体は片足ピンザ。
特に夜間、車を走らせているとあおられるので、ついアクセルを踏み込んでしまい、自爆に導かれる。
また、自転車にも挑み、スピードが出ず逃げきれないと後ろから抱きつかれるという。車にレースを挑むチャレンジャー「片足ピンザ」は交通事故をなくしてほしいと出てくるマジムンなのだろう。

マジムンの基礎知識　「エイサー」でマジムン退治？

エイサーは念仏踊りのこと。三線（さんしん）や太鼓、鉦（かね）を打ち鳴らし、さまようマジムンをあの世へ導く踊り。旧暦7月15日の旧盆最終日であるウークイ（送り日）の夜、各集落の神あしゃぎ（神様を接待する小屋。大体は公民館にある）で青年らが三線、太鼓、鉦を使った円陣舞踊を奉納し、その後、道ジュネー（集落の路地を行列行進すること）する。

奉納エイサーともいうこの伝統エイサーは、男性が太鼓や鉦を打ち鳴らしながら踊るのに対し、女性は素手のみで踊るのが特徴。特に、沖縄県本島中部地域はエイサーどころとして有名である。

エイサーは、お盆にあの世から帰省したご先祖様を歌や踊りで見送るという目的のほかに、どさくさにまぎれてこの世に現れたマジムンたちをあの世へ送り返す目的もある。

琉球王朝時代に仏教の普及とともに沖縄に入ってきた念仏踊りのエイサーの語源は、仏教囃子詞の「エイサー、エイサーヒヤルガエイサー」といわれている。

最近では、観光地や学校のイベント等、通年にわたりエイサー踊りを見ることができ、女性も積極的に太鼓を持って踊る創作エイサーも盛んに行われている。

MAJIMUN 13

派手なヤツには気をつけろ！
アカマター マジムン
AKAMATA

蛇（アカマター）のマジムン。妖術を使い、特に若い女性をたぶらかせ、子どもを生ませたりする。

危険度

どんな姿？

蛇（アカマター）。赤と黒のまだら模様が美しいアカマターという蛇のマジムンなので、まやかされた人には絶世のイケメンに見える。

どこにいるの？

沖縄本島全域。城跡や森など。たまに市街地でも見かける。

アカマターの対策

アカマターマジムンがいそうなうっそうとした森に入るときは、呪文を唱える。「ギナシュ、ギナシュ、アンマークワーヤグトゥ、ナガムノースバンカイ　ドゥキナイミソーリー　ホージュホー、ホージュホー、ホージュホー」と唱える。長すぎて無理！と思ったら「ジュホー、ジュホー、ジュホー」でも可。また、アカマターマジムンに呪文をかけられた場合は、海に行き、手足を洗えば呪詛は解かれる。

アカマターの事件簿

昔、沖縄本島北部の村、名護東江（あがりえ）に大きなガジュマルの木があった。その前を首里から出張中の名護親方が通りかかると、着物のすそをたくし上げてうつろな目で笑う若い女性に出会った。

怪しげな女性にまわりの人が何を言っても「ここで彼氏と待ち合わせている」の一点張り。そのやり取りを見ていた名護親方はあることに気づいた。アカマターが女性の足もとで尾先をじょうずに使い、地面になにやら文字を書いている。

名護親方は、年老いたアカマターはマジムンになり、女性をたぶらかすという言い伝えを思い出し、すぐさまアカマターマジムンの書いた文字をかき消し、呪文を唱えて女性を助けた。女性の奇妙な行動は、アカマターの呪詛のせいだったのだ。

女性はガジュマルの根元で小便をしていたところをアカマターマジムンに魅入られ、被害にあった。沖縄では、男女問わず、トイレ以外で用を足すことはマジムンにマブイ（魂）を抜かれるのでタブーとされている。

MAJIMUN 14

こう見えてもアタシは人魚。太っていたって人魚なの
ザンマジムン
ZAN MAJIMUN

「ザン」とは「ジュゴン」のこと。つまりジュゴンのマジムン。ザンは竜宮のつかいといわれ、津波を操ることができる。昔、沖縄ではザンは不老不死の薬と珍重され、ザンが釣れたら生きたまま首里王府に献上すれば、たくさんのほうびをもらえたり、高官として招かれることもあった。

どんな姿？
ジュゴンの姿。ジュゴンは子どもを抱く姿が人間の女性に似ていることから、人魚としばしば見間違えられる。

危険度

どこにいるの？

沖縄周辺の海。

ザンマジムンの事件簿

昔々の石垣島で、ある漁師の網にザンがひっかかった。ザンは涙を浮かべながら「助けてください。私には生まれたばかりの子どもがいます。私がいなければあの子は死んでしまいます」と命乞いをした。仲間の漁師たちはそんな言葉に耳も傾けず、首里王府のある沖縄本島に向けて船を走らせようとした。

「ザンよ、あきらめな。おまえを王様に献上すれば、私たち一族は繁栄するのだ。それにおまえは不老不死の薬になるという。ぜひ、琉球のためにも王様に食べてもらわねばなるまい」と言って、ザンを説得した。

怒り狂ったザンは「ならば、お前ら一族といわずに、島のものすべてを海の藻くずに変えてやろう。津波よ！　起これ！　すべてを飲み込め！」と、ものすごい剣幕で言った。

ザンの気迫に漁師たちは恐ろしくなり、ザンを放つことにした。

しかし、「私が口にした言葉は戻りません。明日の朝早く、あなた方の島を津波が襲うことでしょう。その津波は海の底の大岩を島にあげるほどの力を持っています。さぁ、もう時間がないので、すぐに島に帰り、あなた方の言葉を信じる者だけを連れて山へ逃げてください」ザンはそう言うと、黒く深い海の中へ消えていった。翌朝、ザンの言うとおりに石垣島を大津波が襲い、たくさんの人を飲み込んでいった……。

MAJIMUN 15

村一番の腕自慢男が牛に襲われた。翌朝、気づくと…

牛マジムン

USHI MAJIMUN

元は龕（がん）という龍や玉をあしらった赤や黒で色付けされた棺桶を担ぐ装具が化けたもの。龕は村々で保管されることが多く、村で死人が出ると龕蔵から持ち出す。その保管している場所近くで真っ黒な牛が夜な夜な現れては、人を驚かす。

どこにいるの？

沖縄全島。特に、本島中部の石川や読谷（よみたん）に多い。

牛マジムンの対策

龕が保管されている場所を通過するときは、親指を隠して通過すれば、マジムンからは姿が見えなくなるという。

どんな姿？

黒牛の姿。真っ黒なボディに真っ赤な角を生やしており、ものすごい勢いで突進してくる。

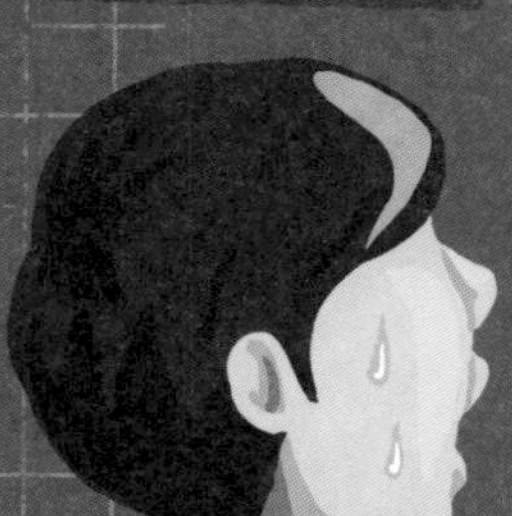

危険度

牛マジムンの事件簿

ある空手家が夜道を歩いていると、牛マジムンに襲われた。空手家は果敢にも挑み、激闘の末、真っ赤な角を持ってねじ伏せたが、牛マジムンのあまりの強さに力つき、気を失ってしまった。翌朝、村人に声をかけられて目を覚ますと、真っ黒な龕が粉々に壊され、空手家がつかんでいた真っ赤な角は龕の飾りものだったという。

マジムン編
Part 3

人間が正体のマジムン

なんといっても怖いのは、
恨みをもって死んだ
人間が化けたマジムン！
でも、生きた人間から
マジムンが生まれることも。

MAJIMUN

16

遺念火（イニンビー）

ININBI

光るエネルギーはこの世への執念。エコな発電

人が死んだ場所や思いが残る場所にその人の無念さが怪火となって現れる。場所は移動することなく、海でも山でもデパートでも心残す場所やなつかしい人を思い夜な夜な現れては通りすがりの人を驚かせる。

特に恋人同士の場合、思いを残して死んだわりには復讐を企てるわけでもなく、死してなお愛しい人に再会した喜びに満ちる姿は切ない。他人に危害を加える余裕がないほど自分たちワールドになっている。

このように単純なマジムンなので、突然の遭遇にびっくりするが、テーマパークにいるようなバカップルだと思えばかわいいもので恐れることはない。

遺念火の特技

デート中のカップルの前にこれ見よがしに出ては、非業の死を遂げたウサをはらすようにユサユサと炎を揺らすイニンビーもいるという。しかし、なかにはイニンビーのようになりたくないと絆を深めるカップルもいるので、ある意味、縁結びマジムンともいえる。

どこにいるの？

沖縄全島。特に有名な出没場所は、那覇市首里にある識名（しきな）坂、真嘉比（まかび）、謝苅（じゃーかる）坂、東村のはじうすい坂（びら）など。いずれも、恋愛のもつれや恋人を奪われた苦しさから命を絶ったカップルのこの世への執念がマジムンになった。

どんな姿？

涼しげではかない青白い火。大きさはこぶし大から大人の頭の大きさなど様々。いわゆる亡霊エネルギーが火元である火の玉だが、イニンビーは移動せず、その場所にとどまるのが特徴。地縛霊との関連は不明。

遺念火の目撃例

存命中は果たせなかった逢瀬を思う存分楽しんでいるようで、夜な夜な2つのイニンビーがからむ姿を数多く目撃されている。昼間は草影に身を潜めているのか、あるいは沖縄の強烈な日差しで見えないのか、日没後の目撃談が多い。一説には、美白にこだわるイニンビーレディが紫外線を怖がるからだとも。

危険度

昔話

首里識名坂のイニンビー

昔、首里に美しい若妻と愛妻家の若い武士が仲むつまじく暮らしていた。ふたりは村でも評判の仲のいい夫婦だったが、武士といえども暮らしは貧しく、妻は豆腐を作り市場で売り、ささやかながらも夫を支えていた。

そんなある日、評判の美人妻を自分のものにしようとたくらんだ悪い男が、市場帰りの妻を識名坂で待ち伏せし、襲いかかった。人気のない薄暗い道、妻は必死で逃げ回り、橋のたもとまで追い込まれ、とうとう男の手にかかろうとしたその瞬間、意を決したように妻は川に身を投げ、命を落とした。

いっぽう、妻の帰りが遅いのを心配した夫は、松明(たいまつ)を持ち妻の名を呼びながら識名坂まで来ると火の玉がユラユラと招くように川に浮かんでいる。

誘われるように夫が川に目をやると、そこには変わり果てた姿の妻が浮かんでいた。悲しみのあまり、夫もその場で命を絶ってしまった。

その後、識名坂では2つのイニンビーがフワフワと戯れるように出るようになり、人々は無念の死を遂げた若い夫婦のイニンビーだとふたりの悲哀を語り継いだという。

MAJIMUN
17

人を呪わば、穴二つ…
イチジャマ（生霊）
ICHIJAMA

人間の中には「イチジャマブトキ」というマブイがある。

ふだんは「情」とか「愛」をつかさどるマブイだが、強く念じる心が歪んだものであると「黒いマブイ」に変質するようだ。たとえば、憎いと思う相手に自分の内にあるイチジャマブトキに呪いをかけて送る。送られた相手は、病気になったり、事故にあったり、不幸なことが続くようになる。

「イチジャマ」は、生きている人間の悪いマブイがマジムンになったもので、送った本人もマブイをなくすことで半病人になる。そして、憎い相手に「イチジャマ」を送ったことがバレたら、送った本人のところに不幸は倍返しで戻り、家族に不幸が重なったり、何をやってもうまくいかなかったりする。業が深ければ命を落とすこともある。

どこにいるの？
人間の中にいるイチジャマブトキというマブイ。また呪いをかけられた人のそばに取りついている。

どんな姿？
呪う人そのものの姿だが、ふだんは見せない形相で現れる。

イチジャマの対策
他人のことを「羨まない」「妬まない」「憎まない」、イチジャマブトキのマブイを成長させないこと。本来の「情」「愛」の部分を大きく育てることで防ぐことができる。
憎い相手に「悪い心を持たせずに、悪い言葉は流して、美しい心を持たせてください」と願う。

危険度
★★★★★

MAJIMUN 18

逆立ち幽霊

SAKADACH YUREI

まったく、身勝手な男は頭にキマス

危険度

どこにいるの？

那覇市真嘉比にある「まかん道」。

どんな姿？

マジムンになった当初は木に足を逆さ吊りにくくられていたので、逆さで出現したが、恨みを晴らした今は、地に足をつけ、福を呼ぶマジムンと化している。

昔話

昔、真嘉比（まかび）村に美しく情の深いチルーという女性がいた。チルーの夫マサンラーは、死の淵をさまよう病気で床に伏していた。マサンラーの不安は自分亡きあと、美しいチルーが他の男の妻になるのではないかというもので、チルーはマサンラーの心が軽くなるのであればと貞操の証にみずから鼻をそぎ落とし、醜い顔になった。マサンラーはチルーの深い愛情と看病を受け、みるみる回復し、しばらくすると元の元気な体になった。こうなると身勝手な男は恐ろしいもので、マサンラーのために醜くなったチルーを、今度は疎ましく感じるようになり、チルーを裏切り愛人を作り、あげくの果てに邪魔になったチルーを愛人と共謀して毒殺してしまう。

チルーを葬ったあと、マサンラーは何食わぬ顔で愛人と夫婦となるが、夜な夜なチルーの幽霊が立ったり、食べ物を腐らすなどして、マサンラーを苦しめるようになった。

思い余ったマサンラーはチルーの墓をあばき、チルーの幽霊が枕元に立てないようにチルーの死体を逆さにして木にくくりつけ、部屋中に護符を張り巡らせ、二度と出てこられないようにした。「これで安心」とマサンラーはほほえんだだろう。

こうしたマサンラーの非情な手段はチルーを逆さマジムンにした。

逆さマジムンとなったチルーは、泣きながら通行人に木から解いてほしいと頼むが、みな腰を抜かして逃げてしまう。しだいに逆さマジムンの噂は広がり、ぱったりと人の通らない道になってしまった。逆さ吊りのままのチルー、このままではこの木が朽ちるまで何百年、何千年も逆さのままかと月に助けを乞うたりした。

そんなところに、首里の侍池城里之子（いけぐすくさとぅぬし）が通りがかり、チルーの話に耳を傾けた。チルーの身上に深く同情し、不埒なマサンラーに同じ男として怒りを覚えた里之子はチルーの足を解き放ち、マサンラーの家の護符をすべてはがしてくるとチルーに約束し、その約束を果たした。

新しい妻と幸せに暮らすマサンラーの前に鼻のない醜いチルーが現れた。驚いたマサンラーはチルーに向けて刀を振りかざすと、それは新しい妻であった。チルーが新しい妻にのりうつっていたのだ。チルーの亡霊に追いつめられたマサンラーは自刃してしまう。仇討ちをすませたチルーの顔は元の美しい顔立ちに戻っていた。

事件も一件落着したある夜、池城里之子の夢枕にチルーが現れ「あなたの祖父母が眠る墓の庭に落雷が作った池があります。その池には、首里王府庭池から流れ着いた神魚が３匹おります。これは私や私の祖先からのお礼です。この魚をこの家の池に放してください。そうすれば、この家は栄えることでしょう」と残し消えていった。

翌朝、里之子が崖下を利用して作られた先祖代々の墓に行くと、夢のとおりに墓の前に池ができており、３匹の鯉が悠々と泳いでいた。崖の上に建つ王家別邸の庭に落ちた雷のために池が壊れ、大雨のためにあふれ出た鯉が流れ着いたのだと推測された。その鯉を里之子は持ち帰り、家の庭に放し大事にしたところ、王府より突然の昇格があり、また、優秀な子どもに恵まれ、その子どもたちにもよい縁組が続き、いつもにぎやかな家になったということだ。現在でもその池城家は繁盛しているという。

MAJIMUN 19

グルメで歌好きで踊りは抜群！遊び人がマジムンになった

ウチャタイマグラー

UCHATAIMAGURA

御茶多理真五郎という男性のマジムン。元々は首里王府に仕える忠義心ある役人だったが、謀(む)反(ほん)の疑いで都を追われ、後年は山道で追いはぎのような生活になるほど落ちぶれてしまい、失意のうちに生涯を終えた。死後、マジムンとしてその姿で現れるようになった。存命中は踊りよし、歌よし、酒よし、相撲よし、そして、美食家でかなりの遊び人だったという。裏返せば、敵を作りやすかったのかもしれない。

マジムンになっても、墓から遊びに誘ったり、歌声を村中に響かせたり、近隣をうろついては食べ物に手をつけ腐らせるので村人から煙たがられた。

どこにいるの？

沖縄県中頭郡(なかがみぐん)。西原町にはウチャタイマグラーの墓がある。

ウチャタイマグラーの

対策

ススキの葉3枚を重ねて結んだ「サン」を料理の上に置くだけでウチャタイマグラーは撃退できる。

どんな姿？

元首里の役人だったせいか、所作は美しく、歌や踊りの名手。学問の造詣も深い。しかし、失望のうちに絶命したので、ややいじけたところもある。カンプー(琉球王朝時代の男性のまげ)も乱れがちで、着物もはだけているが、質のいい着物だとわかるブランド好きなマジムン。

ウチャタイマグラーの事件簿

　若いころは、歌や相撲が得意でウチャタイマグラーに勝つ者はいなかった。死後、西原にある墓に葬られたが、夜な夜なマジムンとなって現れ、歌や三線の音を集落に響かせたので、村の人は怖がってその墓の前を通らなくなったほど出現回数はハンパじゃなかったという。その後、近辺の集落では行事に供える料理がすぐに腐ってしまうのをウチャタイマグラーが手をつけるからだとし、このウチャタイマグラーが出没する街道「ウチャタイ道」付近の集落では、行事を一日早めるようになった。

MAJIMUN
20

巨乳に惑わされてはなりませぬ…
乳の親（チーヌウヤ）

CHINUUYA

何よりも子どもが大好物なマジムン。

沖縄本島の国頭村（くにがみそん）や大宜味村（おおぎみそん）では、子どもが死ぬとチーヌウヤが夜な夜な童墓（夭逝した子どもの墓）に現れ、死んだ子どもにおっぱいを飲ませ育ててくれるといわれている。そのため、童墓には子どもがお世話になっているチーヌウヤのために重箱料理を供えたりする。また、今帰仁村（なきじんそん）や東村では、子どもを欲しがるチーヌウヤが、元気な子どもを水辺に呼び寄せ、水面に映る姿を見せては喜ばせ、水中に引き込み溺れさせると伝わっている。

子どもは自分が映るものが好きで。鏡の前で満面の笑顔をする子どもは多く、鏡でも水面でも自分の姿を映しては楽しむのが子どもである。このことから、子どもを鏡慣れさせてしまうと、簡単にチーヌウヤの餌食として水中に引きずり込まれるので子どもに鏡を見せるのはよくないとされてきた。

危険度

どこにいるの？

童墓や海、川。沖縄では7歳未満で死ぬ子どもは親不孝とされ、先祖代々の墓に入れると祖先からひんしゅくをかうので、先祖墓のそばに小さな童墓を作り埋葬する。親が死んだ後、子どもの骨を童墓から取り出し、親の遺骨に抱かせるように埋葬し直す。チーヌウヤはその童墓や海、川にいる。

どんな姿？

真っ黒な長い髪を垂らし、とても大きなおっぱいをしている女マジムン。色白で美しく穏やかなやさしい顔をしているので、子どもたちはなついてチーヌウヤのところに行きたがる。大きなおっぱいからはいつもお乳がしたたり落ち、甘い香りを漂わせているという。

乳の親の事件簿

ある家に「お乳が張って痛いので、お宅の赤ちゃんにお乳を飲んでもらいたいのですが」と、夜、訪ねてきた若い女がいた。長い黒髪を前に垂らした美しい女のボールのような胸からは母乳がしたたり落ちていたという。

そこの女房はあいにく留守、先ほどから子どもがおなかをすかせて泣いていたところだったので、若い父親はコレ幸いと部屋に招き入れた。赤ちゃんはうれしそうにお乳を飲んでしばらくして静かになった。

父親は寝てしまったのかと、子ども部屋をのぞいてみるとすでに女の姿はなく、赤ちゃんも死んでいたという。老人の話では、その女は「チーヌウヤ」で、沖縄では夜に訪ねてくるものはマジムンと忌み嫌われていることを後から知らされ、とても後悔したという。

MAJIMUN 21

かわいい赤ちゃんの姿をした恐ろしいマジムン

アカングヮマジムン

AKANGWA MAJIMUN

マジムンは生きている人間のマブイ（魂）がエネルギーのもと。つまり、マジムンにとってマブイは栄養満点の食べ物のようなもので、マブイゲットのためにはどんな姑息な手段さえいとわない。そのくらい獲物（人のマブイ）が欲しいのだ。

その手段の1つとしてでてきたのが「アカングヮマジムン」。どんな強面の人でも顔がゆるんでしまうのが、かわいい赤ちゃん。マジムンが総力をあげてかわいい赤ちゃんの姿に化けて人間に近づいてくる。はやる心を抑えつつ、狙った人間に満面の笑みでハイハイで近づく。よだれを流しながら、「あー、うー」とかわいらしく演技しながら。

いっぽう、ロックオンされた人間のほうはかわいい赤ちゃんが自分に近づいてくるので両手を広げて足を開いて腰をかがめ受け止め体勢ばっちりで迎える。その瞬間、アカングヮマジムンは股をくぐり抜け、そして股をくぐられた人はあっけなく絶命するのだ。

ただこれだけだが、アカングヮマジムンの恐ろしさは股をくぐるだけで人の命を奪ってしまうことだ。沖縄では、股をくぐらせることは命を奪われることを意味する。そのため、物でも人でもまたぐことは御法度である。

危険度

どんな姿？

とてもかわいい赤ちゃん。ニコニコしていてだれにでもハイハイで近づいてくる。

どこにいるの？

沖縄全島。

MAJIMUN 22

絶滅危惧種かと思いきや…怪魚

ピキンキル

PIKINKIRU

水死した死者の霊が集まりマジムンになったもの。仲間が欲しくて泳いでいる人の足を引っ張って溺死させる。なかには、水辺を歩いていると、水中からはい出てきて海深く引きずり込むケースも。漁船が誤って漁網にかかったピキンキルを引き揚げると、呪いの言葉をかけられ転覆させられる。陸に揚げても4本の手足を使って動物のように走り、海に逃げ帰る。

どこにいるの？

沖縄本島北部の国頭地方の淀んだ水の中。川でも海でも水死体が流れ着くような深みの淀んだ水の中に生息する。沖縄では水の事故はピキンキルのいるフンムイ（深淵）でおこるとされ、近づかないように言われる。

危険度

どんな姿？

50㎝くらいの手足があり牙が鋭い人面魚。保護色をしており、一見すると、どこにいるかわからないという。

MAJIMUN 23

歌や踊りや三線でうっとりするような世界に引き込む美女…

ジュリマジムン

JYURI MAJIMUN

琉球王朝時代、遊女を「ジュリ」と呼んでいた。

ジュは沖縄の方言で「しっぽ（尾）」。諸説あるが、「ジュリ」は「尾類」と書き、遊女をさす。一人前の女性を「しっぽの類い」と呼ぶ、悲しい歴史をもつジュリは、多く幼いころは貧しい農村から売られてきた女性たちだ。踊りや歌、三線を仕込まれ、成長すれば男性の相手をさせられた。ジュリは「ドゥシル（身代金）」を払い終えるまで自由になれず、あまりの厳しさで死んでいくジュリも多かったという。辛く悲しい思いで死んでいったジュリたちがマジムンになったものが「ジュリマジムン」。

非業の死を遂げたり、恋人と無理心中したジュリがさまよいながら歩く姿を目撃すると、自分の恋も成就しなくなるという。ジュリマジムンの特徴は、歌や三線が達者である、立ち居振る舞いが色っぽい、甘い香りが漂うなど。

どこにいるの？

沖縄本島各地。

危険度

どんな姿？

過酷で悲劇的な人生は死んでなお迷うことが多いのか、幽霊やマジムンになってその業（ごう）をはらそうとする。葬られたジュリ墓からは今なお悲しげな三線の音色や世をはかなむ歌声が聞こえてくるという。ジュリマジムンは、生前一番美しく輝いていたころの姿で現れることが多いようで、生きているときと同じジュリの姿で出没することが多く、歌や三線を奏で、舞う姿で香しい香りを放ちながら現れる。

マジムンの基礎知識

ジュリ馬祭り

沖縄では、旧暦の1月20日を「終わり正月」といい、正月の浮かれ調子に節目をつける日としている。正月料理である「スーチカー（豚肉の塩漬け）」をつけ込んだ甕（かめ）を洗う日でもあり、正月が終わったことを告げるために神仏に野菜チャンプルーなどのふだんの料理を供え、神仏に「普段宣言」をする。

この日はまた、「ジュリ馬祭り」の日でもあり、那覇の花街があった辻では「ジュリ」と呼ばれた遊女たちが、年に一度だけ世間に姿を現すことが許された日であった。この日を「ハチカショウガチ（二十日正月）」といい、花街の正月として大いににぎわったという。

沖縄最大の花街がある辻町は「別世界」であり、隔てに大きな川が流れ、橋を渡ればもう一般人の道を選択することも、親兄弟に会うことも許されていなかった。貧困という理由で売られてきた若い娘が世間からはばまれることは、さぞかし苦しいことであったろう。そんな辛い生活の唯一の楽しみが「ハチカショウガチ」。この日だけは、離ればなれになった親兄弟に自分の姿を見てもらえる晴れの日だったという。

もちろん、辻の掟があるため、親兄弟は橋の外から見ることしかできないが、遠くから自分の娘を見つけては人知れず泣く親が多かった反面、ジュリのほうは、美しく成長した自分の姿を見てもらおうと張り切り、準備に余念がなかったそうだ。

このような悲しい過去のあるジュリ馬祭り、今では、にぎやかなお祭り行列になり、「ユイユイユイ」のかけ声で、ジュリに扮し美しく着飾った女性たちの行列はあでやかな絵巻のようである。

MAJIMUN 24

赤と白、どっちが好きだ?・答えてはなりません。
クイズ好きなマジムンは沖縄最強の

シチマジムン

SHICHI MAJIMUN

難産で死んだ女性の霊が集まってできたマジムン。沖縄の最強マジムンと呼ばれる。

シチマジムンに出会ったら、もう逃げられない。変幻自在なシチマジムンはいくらでも広がっていくのでどこまでもついてくる。そして、狙ったものは抜群の吸引力で連れ去られ、3日たっても戻らなかったら、永遠のおさらばだという。

シチマジムンはクイズ形式で人に近づく。赤飯と白飯のどちらがいい?と選ばせておきながら、赤飯なら赤土を、白飯なら海の泡を食べさせられ、どちらを選んでも罰ゲームのような仕打ちにあう。

シチマジムンの 対策

沖縄の最強マジムンであるシチマジムンの目をそらすには、寝るときにパンツを頭からかぶるとよい。性器は生命をつかさどる場所であり、ミラクルパワーがみなぎっている。そして、マジムンが何よりも苦手とする排泄物を出す場所にも近い。そのため、この一帯には魔除け相乗効果が期待され、関連アイテムである下着にも、それ相応の魔除けの力があるとされている。

先にも述べたように、パンツをかぶれば最強のマジムン撃退武器になるのだが、生きている人も遠ざけてしまうので、下着をかぶらずに枕元に置いてもマジムン対策に変わりはないそうだ

また、不運にもシチマジムンに遭遇した場合には、勇気をもって大声で「おまえはシチだろ!オレはハチだ!ハチ!ハチ!ハチ!1つ多いんだぜ」と数を言えば、退散するというまぬけな撃退法もある。

そんなシチマジムンに会いたい勇者は、夜道で髪に櫛(くし)を挿して歩いたり、ムシロを持って歩くだけですぐさまシチマジムンに狙われるという。

どこにいるの?

沖縄全島。道々の辻にいて、通行する者を迷わせ、数十キロも歩かせるという。

どんな姿？

天地をつなぐ真っ黒い巨大な柱であったり、空や地面を覆う真っ黒いアメーバーのようにもなる。また、ときには、アリのように小さくなる、甚だしいくらい伸縮自在な沖縄最強のマジムン。疾風のように地面や林、水面をも駆け巡り、その移動は瞬時である。狙ったものは吸い尽くしたというブラックホールのような一面も見られている。

マジムンの基礎知識

沖縄の櫛とその力

沖縄では「櫛」には不思議な力があるという。

人の頭には「チジ」というすべてにおいて大きな影響を及ぼす大きなマブイ（魂）がいる。この「チジマブイ」は神様からの情報をキャッチするアンテナでもあり、その人を左右する源でもある。

頭にさした櫛にはチジマブイのにおいや風味がしみ込んでおり、マジムンの大好物だという。また、櫛は身だしなみを整えるために一日に何度も手にとることから、使う人のマブイも入り込みやすく、このこともマジムンが櫛に寄ってくる理由だといわれる。

櫛の取り扱いにはご法度がいくつかある。

まずは肩越しから後方にいる人に櫛を渡すこと。マジムンが狙っている櫛を後ろに渡すのは、葬式の死化粧を施すときだけである。

次に、櫛の歯が欠けると、マジムンが近づいているお知らせと忌み嫌い、落とした櫛に気づかずにいると夜な夜な徘徊しているマジムンに発見され、櫛を通してマブイを抜かれ、不幸になるといわれている。

また、行方不明になった人の櫛を出しっぱなしにしてはいけないという。行方不明になった人は、マジムンに惑わされて家に帰れないことが多く、知らず知らずのうちに自分の櫛を探してマブイだけが家に帰ってくるという。そのマブイにマジムンがついてきていたら、櫛もマブイも奪われて、自宅の場所がわからなくなり二度と帰ってこれなくなるという。

MAJIMUN
25

ユーリーマジムン

YURI MAJIMUN

幽霊ではありません。
目標はスーパーモデル級の人気。

危険度

どこにいるの？

沖縄本島北部、ヤンバル地方。特に今帰仁村で目撃されている。

「ユーリー」は幽霊という意味だが、元は人間とは限らない。動物であったり、植物であったり、様々なものがこの世に未練や恨みを残しながら死に、それらの魂の寄せ集めがマジムン化したもの。かまってほしいという気持ちをもつマジムン。

特に危害を加えるわけではなく、風の吹くまま気の向くままにフワフワしている。人畜無害なのであまり知られていないマジムン。とはいえ、やはり、マジムンであるので不気味である。

どんな姿？

白い着物を着た人間型マジムン。長い髪で顔を覆い小顔効果を狙っている。身長を自由自在に変化させ、空高く伸びたかと思えば、ゴキブリほど平たくもなれる。ユラユラと酔っぱらいのように千鳥足で進む。風が吹けばフワリと吹かれていくという。

ユーリーマジムンの
撃退法

伸縮自在だがお調子者のマジムンなので、出会ったらまず「シータカ、シータカ（背が高く）」と唱えてみよう。するとそびえるように高くなる。次に「シーヒク、シーヒク（背が低く）」と唱えれば、縮む。

ヤンバルに現れたとき、背が低くなったところで人間たちがよってたかって小枝等で打ちのめして撃退したそうだ。打ちのめされたユーリーマジムンは、蛍のような光る玉になって四散したという。ちょっとかわいそうだが、人間がいじって遊ぶには格好のマジムンともいえる。

マジムン編
Part 4

正体不明のマジムンは……

「道具」だってマジムンになるんです！…

身近な道具だって、
大切に使ってもらえばうれしいし、
粗末に扱えば恨みをもつことも。
マジムンになることさえもあるので、
要注意。

MAJIMUN 26

しゃもじだって雑に扱われると怨んで出ます

ミシゲー（しゃもじ）マジムン

MISHIGE MAJIMUN

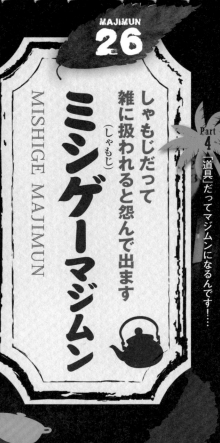

古いミシゲー（しゃもじ）を粗末に扱い捨ててしまうと、夜な夜な人に化けてどんちゃん騒ぎをしたり、ドアをたたいたりピンポンダッシュをしたりして家人を寝不足にする。

昔は牛に化けたミシゲーマジムンが夜道でうずくまり、物欲しそうな目で通行人を見るので、同情した者が家に連れて帰り草をやるとよく食べたという。翌朝、牛を見に行くと、その姿はなく草の上にポツンとミシゲーが置かれていたという。

逆に、ミシゲーを大事に扱うとよい効果を招くラッキーアイテムになる。おしゃべりの遅い子どもや、うまく話せない子どもにご飯のついたミシゲーをしゃぶらせると、よどみなく話のできる子どもになるといわれている。

沖縄では、ミシゲーを鍋縁でたたくことや簡単に捨てることはタブーとされる。

どこにいるの？

沖縄本島を中心に、どこにでもいる。台所、ゴミ捨て場、倉庫など。

どんな姿？

元々は古くなって捨てられたしゃもじだが、人間や牛、楽器などに化けて人をたぶらかすが、朝になるとすっかり元の古いしゃもじに戻っている。

危険度

MAJIMUN 27

ガンマジムン

GAN MAJIMUN

丑三つ時になれば外から聞こえてくる「ギー、ギー」という音を聞けば…

棺桶を設置して担ぐ、龍や玉や鶏で派手に装飾された龕(がん)という葬具が化けたマジムン。死人を運ぶ道具だが、棺桶のように焼くのではなく、使い回すため、亡くなった人のこの世への思いがどんどん蓄積するという。

丑三つ時近辺に活動する。その時間帯に「ギー、ギー」という重いものを引く低い音が聞こえると、近々に死者の出る家があり、「ガンマジムン」が道順を確認する作業中だと

どんな姿?

いろんな姿に化ける。この世に未練のある魂がガンマジムンとなって、地域に特化した名物に姿を変える。旧石川市(現・うるま市)では牛マジムン(40ページ)になって相撲を挑んでくるのは有名。牛車になって、道ジュネー(行進)することも。

危険度

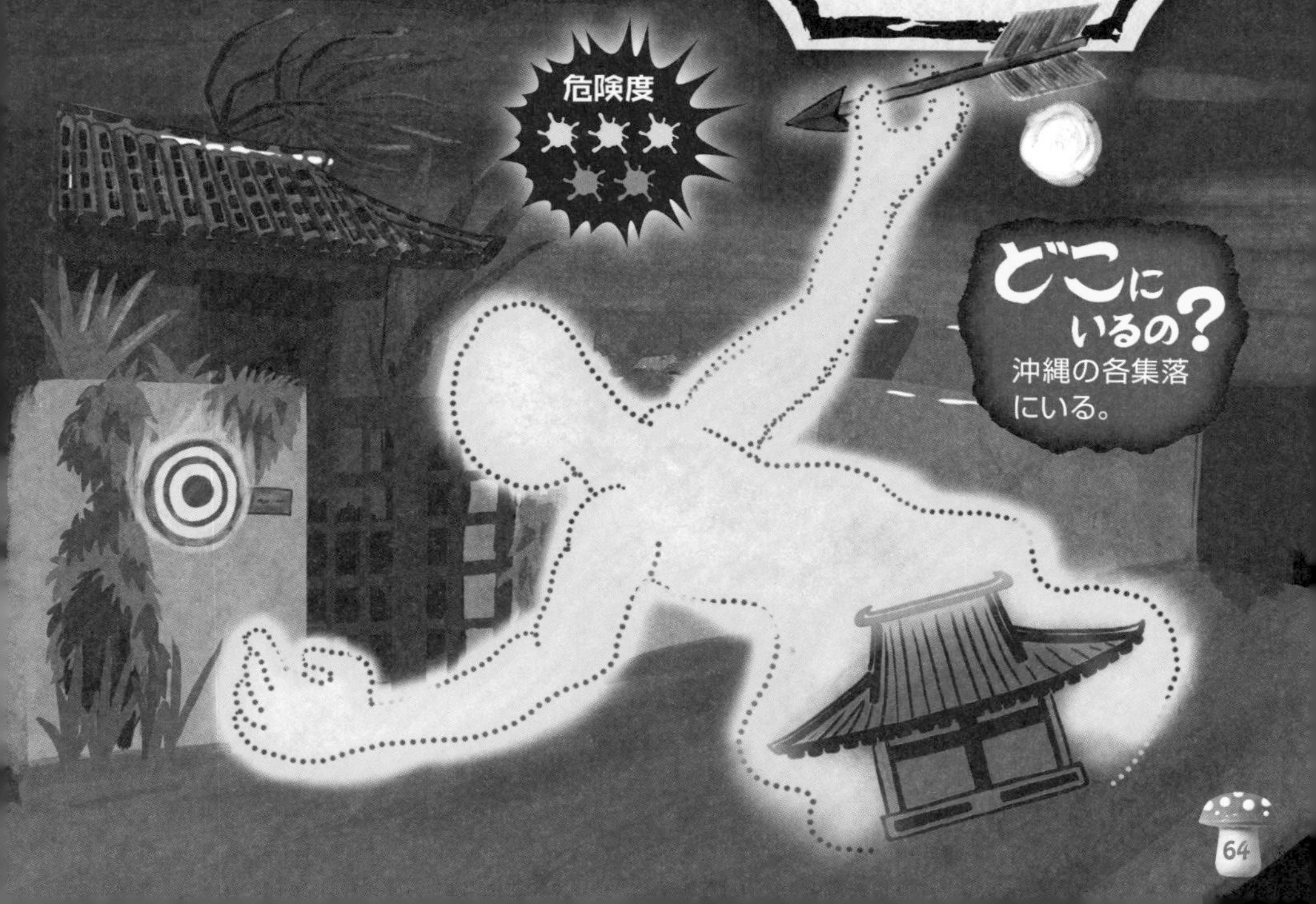

どこにいるの?

沖縄の各集落にいる。

いう。その音を聞いたからといって、おもしろがって外に出てはいけない。順番が狂ったと怒り、たちまちに命を奪われてしまう。

また、葬式に赤色を身につけると、ガンマジムンに目をつけられて次のターゲットにされる。龕を指さすとその指をケガするとも。葬儀が終わり、龕をしまうときには、口汚い言葉を言いながらしまわないと、すぐに次の死者を出すといわれている。

古くなった龕はたくさんの怨念を抱いているため、年に一度は村中で酒やごちそうを供えて厚く供養する。龕を処分するときには、霊力をもったユタや僧侶にお焚き上げしてもらうといいそうだ。

ガンマジムンの対策

沖縄では夜に奇怪な音が聞こえても窓から顔を出さない。もし、ガンマジムンだったら、命をとられてしまうから。

ガンマジムンの事件簿

昔、ヤンバルに子どものいない夫婦がいた。心底子ども好きな夫婦は、村の御嶽(うたき)に日参しては、神様に子どもを授かることを懇願していた。

ある日の夕暮れ、野良仕事から帰宅中の夫が、村の龕置き場の前を通ると、赤ちゃんの泣き声がする。不思議に思った夫が声のするほうに進むと、アダンの木の下に赤ちゃんが置かれている。驚きつつも、これは神様からのプレゼントだと思い、さっそく家に連れて帰り妻と大喜びした。

その日の夜、妻がぐっすり眠る赤ちゃんのオムツを替えようとあかりをつけると、布団の中に赤ちゃんはおらず、一つの小さな位牌が横たわっている。

驚いた妻ははずみであかりを倒してしまい、あたりは真っ暗に。するとさっきの位牌は消え、暗闇の中、赤ちゃんがスヤスヤ寝ている。その様子を見た夫は、夕方、村の龕置き場の前を通ったことを思い出し、この赤ちゃんはマジムンだと気づいた。そして、最近亡くなった子どもの霊だろうということになり、あまりのふびんさにふたりであかりを消したまま、暗闇の中で赤ちゃんを抱っこしていたという。

しばらくして、一番鶏が鳴く時分、外からギシッギシッという音が聞こえ、恐る恐る戸を開けると、真っ黒い牛がこちらに向かって立っている。ガンマジムンが、この赤ちゃんを迎えに来たことを察知した夫は、牛の背に赤ちゃんをゆっくりと大事そうに寝かせた。すると、ガンマジムンは光の玉になって消えていった。

ガンマジムンは、この夫婦の切なる思いをキャッチしてかわいい赤ちゃんを差し向け、何かを訴えようとしていたのかもしれない。

夫婦は、マジムンであっても、一時でも子どもの愛おしさと大切さを感じ、軽い気持ちで子どもをもってはいけないのだねと、話し合ったという。

その後、天に気持ちが通じたのか、夫婦の間にはたくさんの子どもが生まれ、あの赤ちゃんマジムンのような悲しい思いをさせたくないと、大事に育てたという。

もしマジムンに出会ったら、
この言葉を口にしろ！

マジムン撃退おまじない

キジムナーはタコが苦手。

ティヤーチャータックワース！

（手が8つのものをくっつけるぞ！）

キジムナー防御おまじない。キジムナーは足が8本あるタコが大嫌いなので、タコをにおわす表現に弱いらしい。

忍び寄るマヤーマジムンには

オーナチマヤー

（青い声で鳴く猫）

マヤーマジムン対策おまじない。このまじない言葉を口にするだけで、マヤーマジムンは「あれ？マジムンってバレてるし…」と認識し、退散するという。

マジムンは男の子が大好き。

ウフイナグ

（大女）

マジムンは男の赤ちゃんが特に好物。男の子が生まれると命を狙うマジムンもいるそうで、男の子が生まれたら、「ウフイナグ（大女）が生まれた！」と宣伝し、マジムンをゴマカす。

落としたら大変！大切なマブイ（魂）。

マブヤーマブヤー

マブイはマブヤーともいう。人には7つのマブイがあり、1つでも落とせば、体調不良や不幸が重なるなど、思わぬ災厄がある。マブイは簡単に落ちるので、落ちたら拾うことを習慣にしよう。驚いたり、転んだときは「マブヤー、マブヤー」と、唱えるだけで活着する。病気や事故などのときや脱落後時間が経過したマブヤーは変質している可能性があるので、サンでかき集めたり、ごちそうで誘い出す高等手段もある。「マブヤーマブヤー、ウーティクーヨー（魂よ、追いかけておいで）というと、さらに効果がアップする。

赤ちゃんに向かって

アンマーコートゥ

（お母さんの事だけだよ）

純粋な赤ちゃんはマジムンがよく見えるので、大人が見えないマジムンと遊んだりする。それを阻止し、マジムン被害を最小に抑えるためにお母さんだけを見ているように「アンマーコートゥ」と唱える。特に外出するときに効果大。赤ちゃんの額に母親のツバをつけた指で軽くトントントントンと3回たたきながらおまじないを唱える。

くしゃみをしたときは古典的なおまじない。

クスクエー

糞を食らえという意味。マジムンは汚物やそれをさす言葉が嫌い。くしゃみをするのは、マジムンが命を狙って魂を口から取り出そうとしているから。くしゃみをしたら「クスクエー」とすぐさまマジムンをはらうおまじないを言おう。「ハックション」「クスクエー」のこのテンポはかなり重要。

神様編

沖縄の神様ってなんね？

沖縄にはたくさんの神様がいる。石を投げれば神様に当たるといっても（失礼ではあるが）過言ではない。その多くは生活密着型で、代々なじみの神様にいたっては酸いも甘いもいっしょに過ごしてきた同志のような存在であり、すべてを見すかされているので、神様の前では素になりなさいと沖縄の年長者はアドバイスしてくれる。

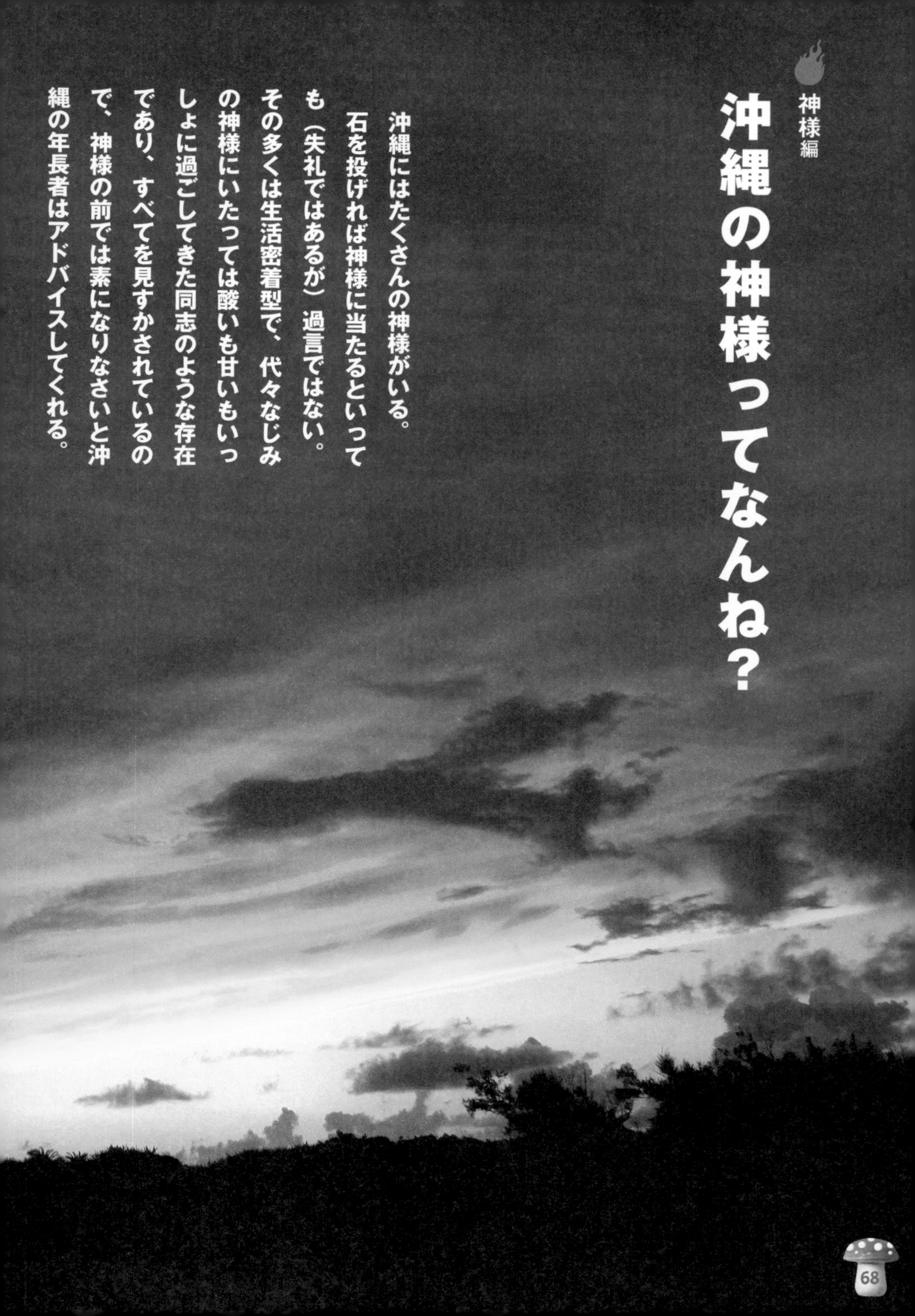

結婚出産から進学就職、病気のときもあの世への旅立ちも、人生の節々のすべてを神々に報告し、祈ることで気づき、感謝してきた。あらためて説明すれば、沖縄では神様は生活協同者であり、人生の引率者であり、上司である。

神様への祈願の内容も、「家族の健康」「仕事の成功」「地域の安全」「周囲との和」が主である。いわば、祈願は「目標」の設定で、目標に向けてどのように考え、どのように努力するかといった「決意表明」のようなもの。つまり、沖縄では、祈願＝現世利益ではない。

神様に祈願しただけで、いきなり商売繁盛したり、玉の輿に乗ったり、高額宝くじに当選すれば、それはもうイリュージョンである。沖縄の神様は、結果までのプロセスを重んじるのであって、一発千金的現世利益は沖縄の神様の意図しないところである。

沖縄では、旧暦の2月、8月、12月の年に3回、「屋敷の御願（拝み）」という行事を各家庭で行う。家の各所におわす神々に日々の感謝とこれからの生活が平安であるように祈願する。こう書けば沖縄特化な宗教儀式のようなニオイがするのだが、まったくもってそのような感じはしない。

沖縄の「御願」には宗教の教典にあるような文言があるわけでなく、規律があるわけでもない。普通に使う言葉でお世話になったあの方へ御礼を申すように神様に話しかけることが多い。

普通にといっても多くは沖縄方言なので、知らない人には呪文を唱えているように聞こえるかもしれないが、実際には「ここにおわす土地の神様、おかげさまで家族みな健康に住まわせていただいております。これからもこの土地を大切にし、家族、地域の人ともに和をもって暮らしていきます。朝は朝日の光に包まれて、夜は月の光に照らされて、この土地が神々の光で守られて、みなが健康で、悪いものに心や体をつかまれないようにお守りください」と、唱えている。この文言を定期的に言うことで、日々の生活のありがたさや周囲との和の尊さにあらためて気づかされ、気持ちをリセットできるのである。

自然の摂理も神々がなせる技、人生の苦境も神々から与えられた成長痛である。「ひとつひとつ（の苦境）をていねいにこなしているかね～と、隣りから見ているのが、神様さぁ」と沖縄の年長者は笑う。

自然を神とするうちなーんちゅ（沖縄人）は、その畏れを脈々とつないでいる民族なのかもしれない（たぶん）。

神様編 Part 1

コレで安心、
枕を高くして寝られます。

ホーム
セキュリティ神様

いつも身近にいてくれる、
一番身近な沖縄の神様たち。

MAJIMUN 01

神様ネットワークに自信あり！ 家族のためなら宇宙でも駆けつけます！

ヒヌカン（火の神様）

HINUKAN

竈（かまど）の神様。沖縄の家庭では台所のガス台の後ろにヒヌカンを祀り、毎月旧暦の1日、15日にはその家の主婦が供え物をし、家族の健康や日々の安全、出世や成功を祈願する。ヒヌカンは人と神様を結ぶコミュニティツールとして大活躍する身近な神様。ヒヌカンは三神おり、役割は健康係、食べ果報係、出世係などが大きな仕事だといわれている。

大黒柱の仕事の出世から子どもの受験、進学進級、結婚、出産、離婚、もめごとなど、家族の一大事には天に昇り、大御所の神に直談判してくれるという。遠くにいる家族については、現地に赴き、現場の神と交渉し、家族を守るように計らってくれるともいう。

沖縄では一家に一ヒヌカンといわれており、家族も同然。酸いも甘いも共に過ごす神様ともいえる。うまくいってもいかなくても、結果は必ず報告し、お礼を言うことが大切。

沖縄の年中行事カレンダー

沖縄の年中行事は、日本の行事をカスタマイズした、いわば忘れ去られた日本古来行事のオンパレードといわれています。

そもそも、行事というものは幸福と五穀豊穣を神仏に祈願することで、裏を返せば、不幸を招くマジムン対策のための神様力強化プログラムともいえます。ここでは、マジムンを撃退し招福万来、五穀豊穣、子孫繁栄、商売繁盛につながる沖縄の年中行事をサラリと紹介いたします。

※沖縄の年中行事は自然の営みに準じた旧暦で行います。

12月 旧暦12月24日は御願解き（うがんぶとうち）

毎年旧暦12月24日は火の神様がローテーションで天上界へ出向き、一年間見守った家族の動向を報告することになっているそうです。そのためふだんから沖縄の主婦は火の神様のいる台所で喧嘩や人の悪口は言わないようにしていますが、バレていたとしても、火の神様が出張する24日に「天上界の大御所の神様には日頃の悪いことは言わないでね」と、多めの供物で口止めをお願いします。

12月24日から新年１月３日頃まではヒヌカンは留守なので気を許しがちですが、そんなときも留守神が各家庭にいます。ヒヌカンが出張中に粗相をしたら、もちろん留守神様のチェックが入るといわれています。

MAJIMUN 02

悪者に追われたら「駆け込み寺」ならぬ「駆け込み便所」これが沖縄の習わし

フールヌカミ（トイレの神様）

FURUNUKAMI

沖縄ではトイレの神様を「フールヌカミ」といい、とても強靭な神様と信じられている。マジムンに襲われたときはフールヌカミに助けを求めるだけでマジムンを消し去り、葬式帰りについてきたこの世に未練たっぷりの死霊をあの世に戻るよう説得し、他人から向けられた悪口をはね返してくれるという。

沖縄では「フールヌカミは、マサシエール神（便所の神は優れた神）」と形容する。少し前の沖縄では、帰宅したらまずは便所に入り、外のけがれをフールの神様にはらい清めてもらってから居間でくつ

年中行事カレンダー

1月 旧暦1月は旧正月。若水を神仏に供えた後、手足を洗います。

元旦に汲んだ水を「若水」といい、若返る力をもっているといわれています。

昔、働き者の人間に褒美として若返りの水を与えようと、天神は使者をつかわしました。ところが天から地上はあまりにも遠すぎて、使者は地上に降りた瞬間、サルスベリの木の下で眠ってしまいました。そこに現れたのが、ヘビマジムン。わざと若水をこぼし、サルスベリとともに若水をかぶってしまいました。それからというもの、ヘビとサルスベリは脱皮するようになりました。

すべてを知った天神は、ヘビに毒をもたせ皆から嫌われるようにし、人間には年に一度、元旦に「若水」を与えるようにしました。

そんないきさつもあり、沖縄の年始の挨拶は「お若くなりましたか？」です。

ろいだ。今でも、葬式の帰りはまっすぐに帰宅せず、まずは喫茶店に入りトイレに入ってから帰宅する「精進落とし」をする。

　このように、日々危険から守ってくれているフールは「悪」がたまりやすいといわれ、常に掃除を行き届かせ、清潔を保たなければならない。

　また、便所を毎日掃除すると、美しい子どもに恵まれ、商いも繁盛するともいわれている。

MAJIMUN 03

シビランカ（紫微鑾駕）

SHIBIRANKA

火災から守るだけでなく、福の神様を呼び込むナビゲーター

火災や天変地異から守ってくれる北極星に住む神様。沖縄の家には棟木に「紫微鑾駕」と書かれた板が塩や米、お金の入った袋といっしょに貼り付けられている。この文言の書かれた護符を貼り付ければ、北極星から神が舞い降り、家を守ってくれる。

年中行事カレンダー

2月 旧暦2月は屋敷御願(おがみ)。家の敷地を清めます

沖縄では、年に3回、住まわせてもらっている土地の神様に感謝の祈りと土地に力をつけ結界を張ることでマジムンから家族を守る「屋敷の御願(おがみ)」をします。敷地の四方と門に塩や米、水、酒をこぼし、土地に滋養強壮をつけ結界を張ります。こうすればマジムンの侵入を防ぐことができます。

神様編
Part 2

喰えぶーがつきます。

五穀豊穣の神様

喰えぶーとは、「食い果報」、
つまり食べ物に困らない徳のこと。
五穀豊穣や豊漁などを祈る人々の
願いをかなえてくれる神様たちだ。

MAJIMUN 04

謎に包まれたその姿が五穀豊穣の徳をもたらす

アカマタ・クロマタ

AKAMATA / KUROMATA

沖縄県八重山諸島では旧暦の6月の夜になると、神の国からつかわされたアカマタ、クロマタが現れる。アカマタは海神（漁業の神）、クロマタは土神（農作物の神）といわれ、五穀豊穣、長寿、子孫繁栄の徳を置いていく。アカマタ、クロマタは訪問した家で地をたたきならし、空を切るように踊り歌う。その様子は集落以外の者には決して見せてはならず、写真や録音も厳禁である。

草の衣で膨らんだ体はフクロウのようにも見え、50センチはあると思われる顔は鋭いギ

ザギザの牙を持つという。しかし、一筋の光も許さない闇の中行われる秘祭なのでその姿は謎である。

言い伝えによれば、西表島の古見（こみ）という村で親孝行な息子がいた。息子は猟に出たまま帰らず、母親は心配して神に息子の無事を祈っていた。ある晩、外から息子の声がするのを聞き、母親は目を覚ました。息子は「私は神になりました。会いたければ、6月の収穫の時期、壬（みずのえ）の日に来てください」と言った。母親は息子会いたさに、言われた場所に行くと、ほんの少しの間だが息子と過ごすことができたという。

以来、息子は豊年の年には近くまで寄り、凶作の年には申し訳なさそうに遠くから姿を見せるようになったという。村人は、息子が近くに出現して豊作を約束してくれるように祈るようになった。息子は豊作の神クロマタになり、アカマタはその子どもであろうという。

年中行事カレンダー

3月 旧暦3月3日は浜下り（はまうり）。女子だけで潮干狩り

三月御重（さんがちうじゅう）という色鮮やかな重箱料理を持って、浜辺で遊ぶだけで禊（みそぎ）ができるクイックお清め。方法も簡単、ぬるくなった海水に足をつけ「心も体も清めて健康にしてください」と祈るだけです。

由来は、昔、ある金持ちの家の娘の部屋に夜な夜な美男子が訪ねてくるようになりました。娘の部屋から毎夜聞こえてくる話し声を不審に思った両親がだれといるのか問うと、娘は、夜になると名前も家も知らない男が来るようになり、しかもおなかに子どもがいることを泣きながら両親に告白します。

驚いた両親は、今夜男が訪ねてきたら、着物の衿に糸を通した針を縫いつけるよう娘にアドバイスしました。明け方、娘の部屋から出ていく男の後ろから垂れる糸を追いかけていくと、そこは洞窟。中をのぞくと、大蛇が舌をペロペロ出しながら「もうすぐ子どもたちが生まれてくる。そうすれば、あの家はオレのもの。だけど、あの娘が海に入れば、子どもたちは海神の力で流れてしまう」とつぶやいています。

それを聞いた両親と娘は、海に急行し、身体を海につけました。すると、ヘビの子どもがウジャウジャと娘から出て、海の彼方へ消えていったそうです。それからというもの、沖縄では女性は旧暦３月３日に海に行き、禊をするようになりました。

MAJIMUN 05

フサマラー

波照間島の雨乞い神様

FUSAMARA

沖縄県八重山諸島の波照間島に現れる雨乞いの神様。旧暦の7月13日～15日は沖縄ではお盆の期間である。波照間島ではお盆の期間にムシャーマという祭りが行われるが、そこに現れるのがフサマラーである。フサは草、マラーは稀に尋ねてくる人という意味で、聖木であるマニの葉を杖のように持ち、全身は夕顔やヘチマの葉やツルを巻き付けている。小さな島の波照間島では水は命を繋ぐ大事なもの。雨をつかさどるフサマラーは大切な神様である。

年中行事カレンダー

4月 アブシバレー。駆除された田畑や家の害虫をニライカナイへ送る

田畑にいるバッタや作物を荒らすネズミを捕殺した後、この世に未練を残しマジムンにならないように手厚く供養し、クバの葉で作った船に乗せてニライカナイ（海の彼方にある桃源郷）に向けて流す行事。

MAJIMUN
06

マユンガナシ

MAYUNGANASHI

神の言葉は何よりの肥料。
植物の成長を約束してくれます

沖縄県石垣市川平には旧暦9月戊戌の日の深夜、海の彼方からたくさんの徳と繁栄、五穀豊穣、長寿、子孫繁栄をもたらしてくれる神、マユンガナシが現れるという。昔、川平の村はずれの南の屋（バイヌヤ）にマユンガナシが現れて豊かな恵みを与えてくれたという。マユンガナシが唱えるカンフツ（神の言葉）には穀物の豊かな成長が記され、それを聞いた植物はそのとおりに成長するといわれている。

年中行事カレンダー

5月 旧暦5月5日にはあまがしを菖蒲の茎をスプーン代わりにして厄払い

沖縄では菖蒲湯ではなく、金時豆や緑豆を黒糖で甘く煮込んだ「あまがし」を、菖蒲の茎をスプーン代わりにして食べます。

昔、鬼に追われた男の子が「ここに隠れなさい」という声を頼りに草の茂みに隠れると、草が剣になり強烈なにおいを発しながら鬼に向かっていきました。鬼は強烈なにおいと鋭い剣先で突かれ、退散したといいます。その葉が菖蒲であったことから、沖縄ではマジムンが男の子に悪さをしないように菖蒲の葉であまがしを食べるようになりました。

MAJIMUN 07

パントゥ

PANTOU

泥パックで幸せに？ 泥だらけにされても、みんななぜかうれしそう。

沖縄県宮古島市には旧暦の9月戊（つちのえ）の日から2日間、悪疫、災害をはらい清める神パントゥが現れる。パントゥはシイノキカズラのツルを全身に巻き、聖なる井戸に堆積している聖なる泥を顔に塗り付け、各家々をまわる。

畳の上でも泥のついた足で上がり込むが、聖なる泥がついた場所は清められるといい、子どもから年寄りまでパントゥに抱きつかれて、泥まみれになりながら清められたことに喜ぶ。村中を聖なる泥で清めた後、暗い海に消えていく。

年中行事カレンダー

6月 旧暦6月は六月ウマチー。米の収穫を感謝し、綱引きでマジムンを忌避

沖縄は二期作で年に２回米が収穫できます。旧暦6月の収穫祭が六月ウマチーです。前期の豊作に感謝し、後期の米も豊作であるように祈願します。

また、綱引きも行われ、威勢のいいかけ声で地面を蹴り、綱を龍のように舞わせ、いたずらしようとするマジムンを蹴散らかします。

MAJIMUN
08

ミルク
MIRUKU

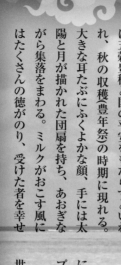

見るからに福々しい神様。
ミルクの団扇(うちわ)にあおがれれば、リアル
「左うちわ」になれるとか

東の彼方にある桃源郷ニライカナイから来訪する神ミルク。ミルクは五穀豊穣と国の平安をもたらすといわれ、秋の収穫(豊年祭)の時期に現れる。大きな耳たぶにふくよかな顔、手には太陽と月が描かれた団扇を持ち、あおぎながら集落をまわる。ミルクがおこす風にはたくさんの徳がのり、受けた者を幸せにするという。また、富を授けるときに、プイと現れることもあるらしい。

ミルクがもたらした幸せな世をミルク世果報（ゆがふう）という。

年中行事カレンダー

7月 パート1 旧暦7月13日～15日は旧盆。先祖が帰省する沖縄最大の行事。旧暦の7月13日夕方、ウンケー（お迎え火）をします

お迎えした先祖とともに、どさくさにまぎれてマジムンも盆のごちそうにありつこうとします。マジムンが手を付けた食べ物はたちまち腐ってしまうので、それを阻止するために供物の上にショウガをのせます。どうもマジムンは尖ったものや強烈なにおいが苦手のよう。ショウガのにおいにノックダウンされてお供え物には手を付けられなくなるといいます。でも、マジムンでも縁があって先祖にくっついてきたのだからと、沖縄では「ミンヌク」といって供え物を細かく切り皿にのせたおすそ分けをマジムンたちのために仏壇の下に置きます。

昔話

昔々、大昔、ミルク神とサーカ神のふたりの神様が世を治めていたころ。

ミルク神は「働いてできた食糧で生きていくとは、なんとすばらしいことか!」と村人に唱え、働くことを推奨し、村は豊かに栄えた。いっぽう、サーカ神は「働くより、他人が作ったものを食べたほうが楽」と考え、村は堕落し争いが絶えず、貧しい村になった。そんな正反対な神々の村は、隣り合って暮らしていた。

サーカ神は、何でも成功するミルク神が気にくわず、いじわるなことを思いついた。見晴らしのいい山にミルク神を誘い、つぼみのままのレンゲを一つずつ持ち、こう提案した。「レンゲのつぼみが先に咲いたほうが好きな土地をもらおう」と。

疑うことを知らないミルク神は楽しそうにレンゲの花を持ち目を閉じた。

すると、ミルク神のレンゲが先に咲いたが、ミルク神は目を閉じたまま気づかない。カーサ神はレンゲを奪い取り、自分のレンゲが先に咲いたと強調した。

「私のレンゲが先に咲いた! レンゲの花の先から見える部分は私の土地だ!」と、高々と宣言した。

すると、ミルク神は感激したように「サーカ神、君はなんて遠慮深い神なのだ。残った土地を私のものとするならば、低くて陽当たりのいい土地ばかりじゃないか。これだと、たくさんの作物がとれる」と大喜び。

サーカ神は、レンゲの花の先から見える部分と言ったために、自分の視界に入る土地しか得られなかった。

その後、働き者のミルク神は広大で豊かな土地を得たことでますます栄えたという。

年中行事カレンダー

7月 パート2 旧暦7月15日は旧盆最終日(ウークイ)。先祖があの世へ帰ります

たくさんの子や孫と過ごした楽しい盆もこの日まで。親戚や知人から贈られた中元をあの世へ土産として持ち帰ります。名残惜しくてこの世にとどまろうとするご先祖様をエイサーで供養しながら送りつつ、あの世から同行したマジムンも地を強く蹴りながら、太鼓の大きな音であの世へ送ります。

神様編
Part 3

沖縄を守る
大御所神様たち

神様の中の神様。
広い心で、人々や琉球の王家、国土を
見守ってくれる神様たち

MAJIMUN
09

沖縄全島を見守り、指導者に平和の知恵をもたらす霊獣
白澤（はくたく）
HAKUTAKU

おじいさんの顔をして体はヤギのように白い霊獣。顔は白いヒゲに覆われ、頭には2本の角を生やしている。目は3つ、額にあるまん中の目は神目ですべてお見通しなのでウソはすぐにばれるという。体にも6つの目を持ち、四方八方を見通している。守りのために体に角が4本生えている。森羅万象、すべてのことを知っている物知り。伝説によれば、白澤を見れば子々孫々まで栄えるという。また、徳の高い指導者のもとに現れ、平和な国をつくるための優れた智恵を授ける。琉球王朝時代、民思いの慈悲深い王様の前に現れたという。

　沖縄は居心地がいいので数百年も居座り続け、物知りおじい神として知られている。

年中行事カレンダー

8月　旧暦8月10日はヨーカビー（妖怪日）。ダダをこねるマジムンを強制送還

　盆に居残ったマジムンは、火の玉を出したり、姿を現して人々を怖がらせるので、シフト制で見張りをつけマジムン出没を監視します。夕方になれば、爆竹を鳴らし、マジムンを強制的にあの世へ送ります。

MAJIMUN 10

神マヤー（カミマヤー）

KAMIMAYA

歴史のことなら何でも知っている「歴ネコ」。猫の姿をした神様

沖縄に数百年居続ける神猫。とても用心深く、恥ずかしがりやで世話好き猫として伝わる。満月の夜に突然現れ、深く広い知識を授けてくれる。歴史について造詣が深く、沖縄の歴代の王様のことを懐かしがりながら話すという。また、神マヤーと遭遇すればたくさんの徳が得られ、その家は繁栄するといわれている。琉球王国時代、歴代の王府お抱え絵師3人に目撃され、その姿を描かれている。特に有名な神マヤーの絵は1899年仲宗根絵師によって描かれた「月下神猫図」である。

年中行事カレンダー

9月 旧暦9月9日は菊酒。菊の葉を3枚酒に浮かべ健康祈願

沖縄では奇数は割れないとか余りが出るとか徳が入り込む余地があるといって吉数とします。さらに9は奇数の最大数。この9が重なるなんてとても縁起のいい日として「重陽の日」は重んじられてきました。また、菊は薬用植物として利用されてきたので、重陽の日に菊の葉を3枚酒に浮かべて飲むとマジムンのもたらす病を寄せ付けなくなるといわれています。

MAJIMUN 11

琉球王の守護神。即位の際だけに現れます

キミテズリ

KIMITEZURI

琉球国王が新しく即位するときにのみ、ヤンバルにある安須森御嶽に出現する神様。クボウ御嶽→斎場御嶽→薮薩御嶽→雨つづ天つぎ御嶽→クボー（フボー）御嶽→首里真玉森御嶽の順に巡り、各御嶽の神の力を集め新しい琉球国王に集めてきた徳を授けるという。

年中行事カレンダー

10月　旧暦10月はカママーイ（竈廻り）

旧暦の10月は全国的に「神無月」。全国の神々が縁結び会議のために出張中です。日頃は神様がマジムンから人々を守っていますが、１０月はあいにく留守。マジムンたちの天下となり、マジムンは火事をおこしたり、病気を蔓延させたりとやりたい放題になります。そこで、沖縄では、マジムンたちが悪さをしないように自警団を結成し、各家々をまわり火の始末を徹底させました。また、神様不在の御嶽をマジムンがいたずらしないように村中で監視しました。

COLUMN

神々のいらっしゃるパワースポット？「御嶽（うたき）」ってどんなところ？

聖地のこと。各集落を守る神々がいる場所で、村の開祖が祀られていたり、奇跡のおこった場所や物語の残る場所であったりする。また、御嶽の土地自体に霊力があるといわれ、そのため、御嶽は地の底まで神々の力が及ぶところとされ、小石１つ、葉っぱ１枚持ち去ることを禁忌としている。

神々は大きな石や岩、古い樹木に宿り、うっそうとしていても伐採は決められた日（旧暦７月７日、12月８日）にしか行えない。沖縄では、結婚出産、進学、就職など、人生の節目節目には集落の御嶽に報告と感謝の祈りを捧げる。神様サイドも馴染みの人間を大切にし、遠く移動しても現地の神様に守護を依頼してくれるという。

また沖縄では、霊力のある人を「サーダカ」といい、「御嶽」で神々と交信し、その特殊能力を鍛える修行の場でもある。そんな神やマジムンたちと直接コミュニケーションをとることができるサーダカであっても、御嶽に足を踏み入れる際は深々と頭を垂れ、うやうやしく行動する。

最近は、パワースポットと混同されがちだが、御嶽はあくまでも「祈り」と「感謝」をする場所であり、「タナボタラッキーをもらう」ところではない。

MAJIMUN 12

キンマモン

KINMAMON

大御所中の大御所。沖縄の民全体の守り神。

沖縄を守る最高神。キミテズリが王室御用達守護神だとすれば、キンマモンは沖縄の民全体を守る神様であるといわれる。毎月各集落の御嶽に現れて、歌や踊りに興じる。時には、その集落の女性にのりうつることもある。琉球王朝時代は聞得大君（きこえおおきみ）（最高神女）の体に入り込み様々なお告げをしたという。ニライカナイ（東の彼方にある桃源郷）から降りてくるキンマモンと、海底の宮からくるキンマモンの二神がいるという。

11月 トゥンジ（冬至）。トゥンジージューシー（炊き込み御飯）を食べてマジムンに負けない強い体を作る

一年で最も夜の長い冬至の日。マジムンたちの活動時間も長くなります。

沖縄では、この日は例年寒くなり、体調も狂いがちになります。弱った人間を襲うのがマジムン。このマジムンに負けないように「トゥンジージューシー」を食べて体力をつけます。

年中行事カレンダー

12月 旧暦12月8日はムーチー（鬼餅）を食べて、忍び寄る鬼マジムンを退治する

魔除け効果絶大な月桃の葉に包んで蒸したムーチーを食べるとマジムン対策になります。月桃の葉は強いにおいを発し、マジムンはこのにおいが大嫌い。においをかぐだけで近寄らなくなるとか。蒸したあとの熱湯もリサイクルします。

アチコーコー（熱々）のゆで汁を「鬼の足焼くよ～」と言いながら、外にまくと魔除け効果が数倍になります。

ムーチーの由来

昔、首里の金城村に兄妹が住んでいた。傍若無人な兄は、いつしか乱暴な鬼になり、村人を困らせるようになっていた。妹は意を決し、鬼になった兄を退治するために、鬼が住む洞窟へ餅（ムーチー）を持参した。1つは柔らかい餅、1つは餅の形をした石。それぞれを魔除けの効果があるといわれる月桃の葉にくるんで、暗い洞窟に向かって鬼を誘い出した。

「兄さんが大好きな餅を持ってきました。景色のいい崖の上でいっしょに食べませんか？」

大好物の餅が欲しくて、調子よく崖に腰掛けた鬼。妹は石餅を鬼に渡し、自分は柔らかい餅を同時に食らいつくと、「あっがーーーー」。

思いっきり石餅にかぶりついた鬼は、歯がくだける痛みに驚いて崖下に落ち、そのまま姿を消したという。その日が旧暦の12月８日だったので、以来沖縄では、旧暦の12月８日に魔除けと健康を祈願して月桃の葉で包んだ餅を作って食べるようになった。

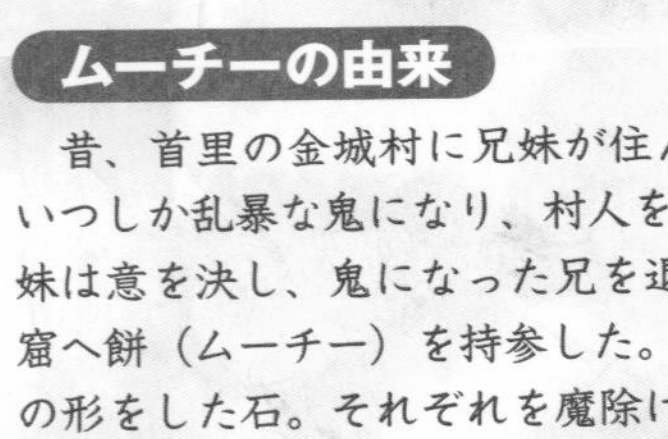

石碑に間違われる魔除けアイテム 石敢当（いしがんとう）

「敢えて石に当たる」と書く「石敢当」は中国伝来の魔除けアイテム。マジムンは直線にしか進めず、突き当たった家の中に侵入しては悪事を働くので、T字路の突き当たりの家や辻の角の家は、マジムンが家の敷地内に侵入しないように「石敢当」と書かれた石を置いてはね返す。石敢当の由来は、昔、マジムン退治に活躍した中国の豪傑の名前で、その噂がマジムン界にも口コミで広がり、今でも恐れられているからという説と、石にはマジムンの力をねじ伏せたり、はね返す力があるからという説がある。

マジムンだらけの沖縄を救う 沖縄魔除けアイテム

「沖縄の方言ではムンヌキムンというよ」

ちょっと変わったものから、身のまわりでよく見かけるものまで。マジムンよけに役立つ沖縄のアイテムを紹介します。

昔はヒーゲーシ（火伏せ）だった シーサー

屋根や門柱に置かれたシーサーはマジムン対策アイテムとして有名だが、かつては火の玉による火災よけアイテムだった。昔、南部にある八重瀬町東風平富盛（こちんだともり）という集落で頻繁に火災がおき、甚大な被害を受けた。そのため、首里王府は風水学の専門家を派遣し、その原因を調べることにした。当時、風水は最高建築学であり、土地環境や風土を熟知した科学者のことをいった（首里城も風水学にのっとり築城されている）。風水師の見立てによれば、集落にある八重瀬岳がヒーザン（火の玉をふりまき火災を起こす山）であると判断され、解決手段として石のシーサーを八重瀬岳に向けて設置すれば解決できるというものだった。さっそく、石造りのシーサーを設置したところ、火災はおこらなくなり村に平和が戻ったという。このことから、シーサーは沖縄中に広まり、時代の変遷とともに、魔除けとして定着していった。

効果はあるけど、禁忌なの。 海砂

潮が引いたあと、人が踏んでいない海砂を家の敷地にまくと、マジムンが侵入できないか、できたとしてもマジムンの足がやけどするという言い伝えがある。昔の沖縄では、大晦日に年神様をお招きする準備として海砂を家の敷地にまき清めてから正月を迎えた。また、喪が明けた家は清めのために海砂をまいた。しかし、現在は海岸の所有権や規制などの関係で、無許可で海砂を持ち帰るのはNGの場合もあるので要注意。

水の字に似ている貝は夜泣きに悩むお母さんの味方

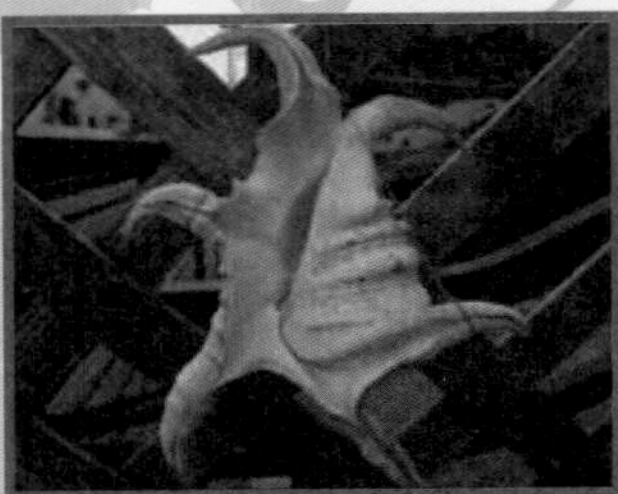

水字貝（ユーナチモーモー）

基本、マジムンは尖ったものが嫌い。尖った角を6本も持つ水字貝をトイレにつるすだけで、夜な夜なマジムンに泣かされている赤ちゃんを救うことができる。また、知らず知らずのうちマジムンを見たり触ったりすると、ものもらいができるといい、このマジムン性ものもらいにも水字貝は有効だという。

刺身にも魔除けにも、一つで二度美味しい

シャコ貝（アジケー）

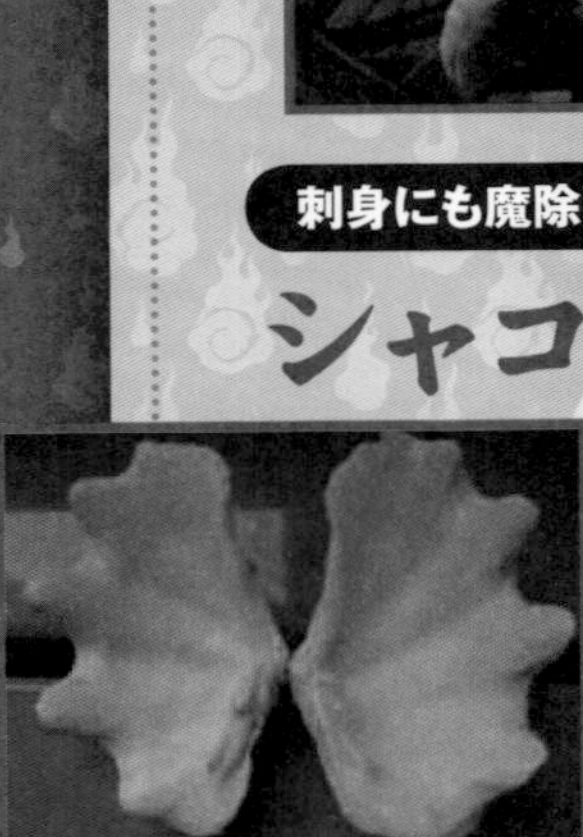

シャコ貝は女性器に似ており、その形をマジムンは恐れるという。また、シャコ貝は開くと十字になっており、十字を見ると南北東西の方向がつかめなくなるマジムンの極度な方向音痴を利用し、シャコ貝を全開にして左右の門柱に置く。それだけでマジムンはフラフラになり目的地に到着できなくなる。

上位クラスの神様をナビする

紫微鑾駕（しびらんか）

家の棟木に「紫微鑾駕」と書いた板を貼れば、家に近づく火を喰らい、病魔を蹴散らしてくれると伝わる。そのうえ、家族にたくさんの福をもたらせるという。

マジムンを斬る刀になる

サン

ススキや藁、芭蕉の葉の先をくるんと結ぶだけの超簡単魔除け。マジムンから見ると、サンは刀に見えるという。食べ物を腐らせるマジムン撃退のために弁当など食べ物の上にちょこんとのせたり、敷地内にマジムンが侵入しないように四隅に立てかけたり、また、マジムン遭遇によって落としたマブイ（魂）を招き寄せるときにも使う、使用頻度の高い魔除け。旧暦8月のヨーカビーには、サンに呪力のある桑の葉をプラスして作る最強魔除け「シバサシ」もある。

このように、使用頻度の高い魔除けだが、人間に対して向けるのはタブー。皮膚に細かな傷をつけてしまうので、サンで人をたたいてはいけない。

マジムンをはらう、清める。オールマイティな

魔除け塩

マジムンがいそうな場所に塩を置くだけでマジムンはいなくなるという。また、店の出入り口に盛り塩をすると、塩のお清め効果で福の神が入ってきやすくなり商売繁盛するとも。

あとがき

「にふぇーでーびる」

沖縄で初（たぶん）の「マジムン図鑑」を上梓できましたことを
心より感謝申し上げます。

沖縄は歴史的にも地理的環境からも多難の道を歩んできた島です。

琉球から日本へ、日本からアメリカへ、そして、日本復帰。

その間にも、この世の地獄を集めたといわれる大戦がありました。

それでも、明るい光と暖かな気候のせいか、
時間も人々の心もゆったりと流れています。

隣りでマジムンがにらみを利かせれば
「あい、こんなして怒らんでぇ」となだめるでしょう。

正面から神様が歩いてきても「お疲れさまです」とねぎらうでしょう。

のんきなものです。それが、百鬼夜行、魑魅魍魎（ちみもうりょう）と神が共存する島沖縄です。

マジムンにはマジムンの都合があるわけさ。

神様には神様の言い分があるわけさ。みんな違うけどみんな同じさ。

相手の立場を考えればいいさぁ。

これが、マジムンが生きながらえ、そして、神々しい神の島沖縄とよばれるゆえんでありましょう。
本書を手に取っていただくことで、埋もれていた沖縄のマジムンがたくさんの人々に知られ、広がっていきますことを心より祈ります。

本書の出版にあたり、主婦の友社の田川哲史氏、イラストレーターの山里将樹氏、校正の加々美久美子氏、カメラマンの喜瀬守昭氏、しびらんかの話を聞かせてくださった長嶺哲成氏、本書の出版を後押ししていただいた伊藤晴氏にはお世話になりました。
そして、マジムンの話を熱く語ってくださった沖縄のおじいさん、おばあさん。

いっぺーにふぇーでーびたん（本当にありがとうございました）。

絵

山里將樹（やまざと・まさき）

1982年沖縄生まれ。2009年千葉大学大学院を卒業後、2011年からフリーのイラストレーターとして雑誌、テレビ番組などで活動中。「僕は幼いころからマジムンが大好きで、一度は出会ってみたいと思いながら育ってきました。ついに出くわすことはありませんでしたが、大人になっていろんな人に話を聞いてみると、子どもの時に会ったという人が意外にいてびっくり。もしかしたら次に出会うのはあなたかも……」。

著者紹介

比嘉淳子（ひが・じゅんこ）

昭和40年代初期生まれの生粋の那覇人。明治生まれの祖母から沖縄のしきたりや言い伝えを厳しく仕込まれるも、関東地方での大学時代はイケイケで過ごす。ところが、2人の子どもを持ったころから亡き祖母が降臨したように沖縄のしきたりや言い伝えに目覚め、沖縄の植物の言い伝えをまとめた「琉球ガーデンBOOK」を皮切りに、沖縄のしきたりをまとめた「御願ハンドブック」「幸せを呼ぶ沖縄開運術」（以上ボーダーインク）、「沖縄オバァ烈伝」シリーズ、「沖縄暮らしのしきたり読本」「沖縄家族まるごとお祝いマニュアル」（以上双葉社）などを上梓。その他、NHK「うちなーであそぼ」など、子ども向けの番組の脚本を手がけている。最近は「おばけとおならはところかまわず」をモットーに沖縄マジムンの復活を願う自称「マジムンマイスター」として布教活動に余念がない。

写真

喜瀬守昭（きせ・もりあき）

沖縄県出身。音楽関係、特に沖縄のインディーズ・メジャーアーティストのCDジャケット、アーティスト写真撮影では沖縄県内トップクラスの実績で、指名するアーティストも多い。台北にて開催された沖縄音楽関連のイベントではBEGIN、DIAMANTES、しゃかり、モンゴル800など多数の沖縄アーティストの写真展を行い好評を得る。音楽のみならず広告やファッション写真、雑誌、グラビアなど幅広く撮影活動中。

沖縄（おきなわ）マジムン図鑑（ずかん）

著　者　比嘉淳子（ひがじゅんこ）

発行者　荻野善之

発行所　株式会社　主婦の友社

郵便番号　101-8911

東京都千代田区神田駿河台 2-9

電話（編集）03-5280-7537

（販売）03-5280-7551

印刷所　大日本印刷株式会社

■乱丁本、落丁本はおとりかえします。お買い求めの書店か、主婦の友社資材刊行課（電話 03-5280-7590）にご連絡ください。

■内容に関するお問い合わせは、主婦の友社書籍・ムック編集部（電話 03-5280-7537）まで。

■主婦の友社が発行する書籍・ムックのご注文、雑誌の定期購読のお申し込みは、お近くの書店か主婦の友社コールセンター（電話 0120-916-892）まで。

＊お問い合わせ受付時間　月〜金（祝日を除く）9:30 〜 17:30

主婦の友社ホームページ　http://www.shufunotomo.co.jp/

ISBN978-4-07-287065-5

す-033101